A. GROSSE-DUPERON

L'ANCIEN HOTEL-DIEU DE MAYENNE DIT DU SAINT-ESPRIT

MAYENNE
IMPRIMERIE POIRIER FRÈRES
M. D. CCCCII

L'ANCIEN

HOTEL-DIEU

DE MAYENNE

OUVRAGES DE L'AUTEUR

LA TRIBALLE, étude philologique et humoristique sur la foire de la Madeleine de Mayenne, par GROSSE-DUPERON (Extrait du Bulletin historique et archéologique de la Mayenne, 1889). — Laval, Léon MOREAU. In-8 de 16 pages.

LE CARTULAIRE DE L'ABBAYE DE FONTAINE-DANIEL, texte latin et traduction, par A. GROSSE-DUPERON, membre titulaire de la Commission hist. et arch. de la Mayenne et de la Société hist. et arch. du Maine, et E. GOUVRION, membre titulaire de la Commission hist. et arch. de la Mayenne. — Mayenne, POIRIER-BEALU, 1896, grand in-8, 430 pages.

L'ABBAYE DE FONTAINE-DANIEL, étude historique, par LES MÊMES AUTEURS. (Ouvrage orné de quatre dessins). — Mayenne, POIRIER-BEALU, 1896, grand in-8, 460 pages.

MAYENNE, album de 12 photogravures de la Ville de Mayenne, avec notes par A. GROSSE-DUPERON. — Mayenne, POIRIER-BEALU, 1899.

SOUVENIRS DU VIEUX-MAYENNE (Les sieurs de Beauchesne et les Calvairiennes de Mayenne), par A. GROSSE-DUPERON. (Ouvrage orné de cinq dessins et de deux planches d'autographes). — Mayenne, POIRIER-BEALU, 1900, grand in-8, 470 pages.

LA BASILIQUE DE NOTRE-DAME DE MAYENNE, par A. GROSSE-DUPERON. — Mayenne, POIRIER-BEALU. 1900. Plaquette de 33 pages illustrée des armoiries et du sceau de la Basilique.

LE PRÉAU (aujourd'hui jardin public) DU CHATEAU DE MAYENNE, par A. GROSSE-DUPERON. Illustré de deux photogravures et d'un plan de l'ancien Château. — Mayenne, POIRIER-BEALU, 1901, in-8, 135 pages.

UNE EXCURSION A LA CHAPELLE DE LA VALLÉE, près de Mayenne, par A. GROSSE-DUPERON. — Mayenne. POIRIER-BEALU, 1901. Plaquette de 40 pages, illustrée de deux planches hors texte en phototypie.

DEUX EXCURSIONS AU PAYS DE SAULGES (Souvenirs d'un touriste) par A. GROSSE-DUPERON. Ouvrage illustré de 5 gravures hors texte en phototypie et d'un plan en deux couleurs. — Mayenne. POIRIER-BEALU, 1901.

LE VIEUX-PONT DE MAYENNE
(à droite, l'Hôtel-Dieu dit du Saint-Esprit
et, à gauche, les Grands-Moulins.)

A. GROSSE-DUPERON

L'ANCIEN HOTEL-DIEU DE MAYENNE DIT DU SAINT-ESPRIT

MAYENNE
IMPRIMERIE POIRIER FRÈRES
M. D. CCCCII

TIRÉ A DEUX CENTS EXEMPLAIRES
DONT VINGT-CINQ SUR PAPIER HOLLANDE

N°

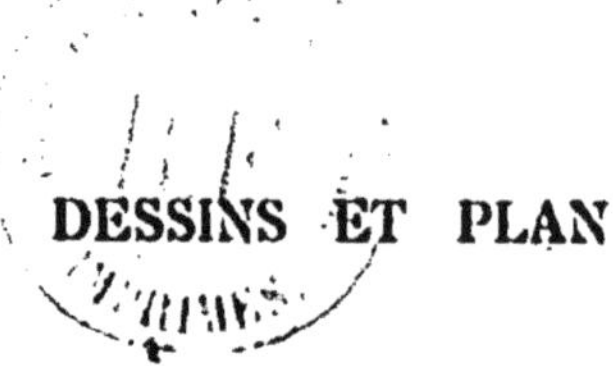

DESSINS ET PLAN

Le dessin du titre (d'après les Chroniques de France) a été fait par Mlle Gerhart, du pensionnat de Saint-Louis de Gonzague de Mayenne.

Les deux vues de Mayenne, placées au titre et à la page 71, reproduisent deux photographies de vieux dessins, qui ont été mises gracieusement à notre disposition par M. Carré, préposé en chef de l'octroi de Mayenne.

M. Poisson, architecte-voyer de la ville de Mayenne, a bien voulu dessiner pour nous le plan de l'hôpital du Saint-Esprit encarté à la première page.

Nous exprimons à tous ces obligeants collaborateurs nos remerciements et notre gratitude.

CORRECTIONS

PAGES	LIGNES	
1	6	Lisez « en face de la rue » au lieu de « en face la rue ».
4	31	Lisez « consuetudines » au lieu de « consuetudimes ».
54	21	Lisez « Montauger » au lieu de « Montanger ».
71	1	Lisez « Un des dessins encartés » au lieu de « La phototypie du vieux dessin, encartée ».
86	24	Lisez C au lieu de G.
91	16	Lisez « un » au lieu de « une ».

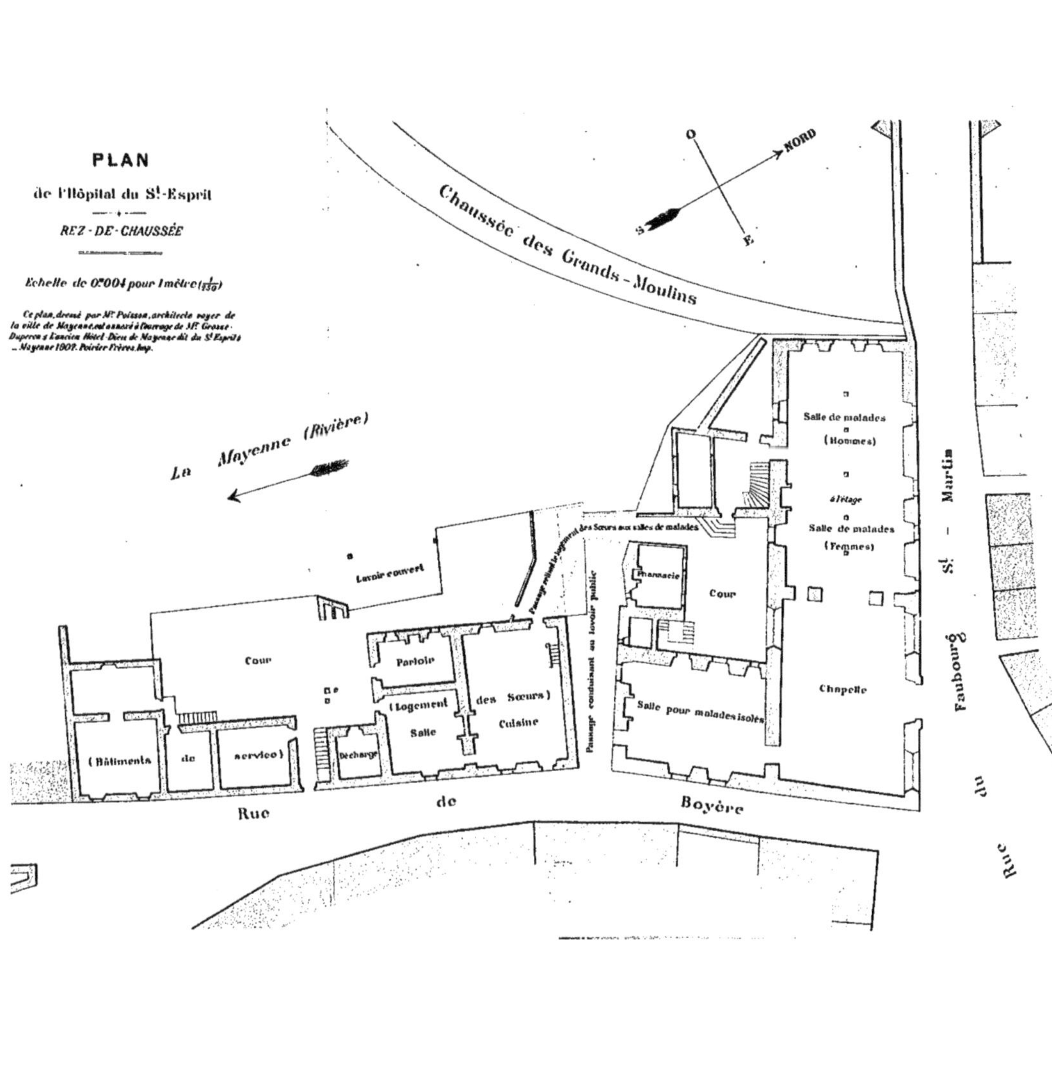
PLAN
de l'Hôpital du St-Esprit
REZ-DE-CHAUSSÉE
Echelle de 0m004 pour 1mètre (1/250)
Ce plan, dressé par Mr Poisson, architecte voyer de la ville de Mayenne, est annexé à l'ouvrage de Mr Grosse-Duperon : L'ancien Hôtel-Dieu de Mayenne dit du St Esprit. — Mayenne 1907. Poirier Frères, Imp.
O
NORD
S
E
Chaussée des Grands-Moulins
La Mayenne (Rivière)
Lavoir couvert
Passage reliant le logement des Sœurs aux salles de malades
Passage conduisant au lavoir public
Cour
Parloir
(Logement des Sœurs)
Salle
Cuisine
Décharge
(Bâtiments de service)
Pharmacie
Cour
Salle pour malades isolés
Salle de malades (Hommes)
à l'étage
Salle de malades (Femmes)
Chapelle
Rue de Boyère
Faubourg St-Martin
Rue du

L'ANCIEN

HOTEL-DIEU

DE MAYENNE

CHAPITRE I

Origine de l'aumonerie ou maison-dieu de Mayenne. — Droit de collation de l'aumonerie par les bourgeois. — Noms des aumoniers. — Information du grand-aumonier de France. — Dégats dont souffrit la maison-dieu durant la ligue. — Prétentions des hospitaliers du Saint-Esprit d'Auray ; défense de l'aumonier Pierre Joly ; son testament. — Lettres patentes autorisant l'hotel-dieu.

L'ancien Hôtel-Dieu de Mayenne, appelé communément « le Saint-Esprit », du nom de sa chapelle dédiée à l'Esprit-Saint, a été détruit en 1858, pour la construction des quais. Il était placé sur la rive gauche et au bord de la Mayenne, à l'entrée et au sud-est du vieux pont, qui débouchait presqu'en face la rue du Perrin et a été supprimé vers 1868 : aussi trouve-t-on cet hôpital nommé, dans les vieux titres,

« Maison du Saint-Esprit du Pont de Mayenne, domus « Spiritûs Sancti de ponte Meduanæ ».

On manque de renseignements précis sur sa fondation. En 1717, Pierre Joly, qui en était aumônier, rédigea un long mémoire, assez confus, pour repousser, comme on le verra plus loin, les prétentions émises par les hospitaliers du Saint-Esprit d'Auray, sur la Maison-Dieu de Mayenne. Il s'y efforçait de démontrer l'antiquité de cet établissement, mais ses preuves n'étaient pas concluantes. Nous allons nous borner à donner quelques extraits de son factum.

Joly écrivait : « Il y a à Mayenne, petite ville frontière, « au diocèse du Mans, entre la Bretagne et la Normandie, « un hôpital, aumônerie, hôtel ou maison-Dieu, qualifié « de ces différents noms, faisant face au Château, au bout « d'un pont qui l'en sépare, établi dans un ancien corps « de logis qui, (selon les apparences et irrégularités de sa « construction, l'épaisseur de ses murailles dont il y a un « pan sur trois arcades et vis-à-vis un parapet donnant « sur la rivière), était une redoute avancée pour défendre « l'accès du pont et du château, et fait juger que l'origine « de l'établissement de cet hôtel-Dieu vient de ce que, en « 1066, Guillaume-le-Bastard, duc de Normandie, ayant « été chassé du Mans, vint assiéger le château de Mayenne « et, ayant été devant plus d'un an, désespérant de le « pouvoir prendre..., usa de stratagème, l'incendia et « força la garnison à se rendre (1). Il (Guillaume) laissa « cette redoute, semblable à une grange, sans plancher, « ayant une cave dessous, pour y exercer l'hospitalité, « loger les passants, y porter et soigner les malades et les « blessés, avec un taillis, un champ, un jardin et 24# de « rente et une prévôté et foire qui se tient en ladite ville, « au jour de la Saint-Clément, vingt-trois novembre de

(1) La prise du château de Mayenne eut lieu en 1063.

« chaque année, qui faisaient le total de l'ancien fonds et « donation de l'établissement dudit Hôtel-Dieu de « Mayenne, abandonnant le surplus au soin et à la cha- « rité des bourgeois et habitants dudit lieu. »

L'aumônier racontait ensuite que Juhel, fils de Gautier, petit-fils de Geoffroy, seigneur de Mayenne (appelé par nous, Juhel II) avait donné aux moines de Marmoutier, en 1120, la dîme du tonlieu(1) de ses marchés et de ses foires « totam decimam tenoleorum, tam de nundinis « quàm de cæteris mercatis... », et il ajoutait : « Dès « cette époque la foire Saint-Clément appartenait à « l'Hôtel-Dieu et la dîme accordée aux moines ne portait « pas sur cette foire ».

Cette assertion était-elle fondée?

En 1452, les religieux de Marmoutier voulurent percevoir la dîme des deniers de la foire Saint-Clément et furent poursuivis avec succès par Prioulet, qui était alors l'aumônier de l'Hôpital(2). On lit, dans une sentence rendue « à l'assise de Mayenne, tenue par Jean « Beudin, y commis pour le sénéchal fayé(3), Me Jean « Fournier, baillif, Pierre Pennard, procureur, le 18e « avril 1453 », le dispositif suivant :

« Par la déposition des témoins, produits par Priou- « let, Nous est dûment apparu qu'il a droit et est en « bonne possession de jouir et lever ladite coutume « et, pour ce, la main de Cour, qui mise et apposée « avait été sur ladite coutume, avons levée au profit « dudit Prioulet, aumônier, et donné congé d'en jouir « ledit jour Saint-Clément seulement, en faisant toutefois « l'alimentation et nourissement des pauvres étant en « ladite aumônerie ».

(1) Tonlieu ou droit de place.

(2) Les moines de Marmoutier, qui figuraient dans cette affaire, étaient Raoul de l'Ousche, prieur de Gébard, et Raoul Hervé, prieur de Mayenne.

(3) Fayé, faié ou fiefé c'est-à-dire possédant en fief.

Il ressort de cette sentence que l'aumônier avait la possession de la foire Saint-Clément, dès avant 1452, mais depuis quand ?

Joly, répondait : « Antérieurement à la charte accor-« dée par Juhel, puisque cette charte contenait une « donation générale à Marmoutier de la dime du ton-« lieu de ses marchés et de ses foires et qu'elle (la dona-« tion) eût compris la dime de la foire Saint-Clément « si celle-ci avait encore été dans le domaine du dona-« teur ». L'aumônier oubliait que la foire Saint-Clément pouvait avoir été créée postérieurement à 1120. Or, à cette époque, Juhel n'avait peut-être octroyé la dime que des foires qui existaient au moment de sa libéralité. Il ne parlait pas de celles qu'il pourrait concéder ultérieurement (1).

« L'ancienneté de la Maison-Dieu, disait Joly se prouve « aussi par l'embrasure que l'on a faite dans un des « pans de ses murailles pour y poser un des bouts du « linteau de la dernière arche du pont de Mayenne qui « était alors déjà bâti ».

Continuons l'exposé des prétendues preuves de l'aumônier. Il reprenait :

« L'on justifierait encore de l'ancienneté de l'Hôtel-« Dieu :

« 1° De ce que Juhel, arrière-petit-fils de Gautier, « (que nous nommons Juhel III), donna, pour partie

(1) Il n'y avait que le roi qui pût concéder le droit de créer des foires. Toutefois, en Anjou et dans le Maine, ce droit appartenait aux châtelains et barons, à cause de leurs fiefs de dignité. Lorsque les coutumes du Maine et de l'Anjou furent compilées au milieu du XIVe siècle on déclara, les droits « consuetudimes » qui compétaient d'ancienneté aux comtes d'Anjou et du Maine, aux barons et châtelains, hauts et bas justiciers, de degré en degré, et ils furent confirmés par Philippe-Auguste. Il n'y avait, sous le règne de ce prince, que cinq baronnies dans l'Anjou et dans le Maine ; Mayenne, Laval, Craon, Château-du-Loir et Beaumont. Ne figuraient que parmi les châtellenies : Chemillé, Durtal, Château-Gontier et Sablé.

« de la fondation à l'abbaye de Fontaine-Daniel, en « 1205, ses moulins faisant face, en côté, à ladite Maison-« Dieu ; lesquels ne peuvent de toute impossibilité « marcher qu'à la faveur d'une chaussée qui retient et « relève les eaux de la rivière. Notre Maison-Dieu, fai-« sant une partie de cette chaussée et à peu près le tiers, « est par conséquent plus ancienne que l'abbaye et que « le pont même, ainsi avant 1205.

« 2° De l'inscription trouvée sur le revers de l'an-« cienne pierre de l'autel de la vieille chapelle dudit « Hôtel-Dieu. (Joly ne donnait pas cette inscription).

« 3° De ce que, du côté de la rue, il y a une grande « maison de bois, bâtie à l'antique, régnant de l'autre côté « et vis-à-vis de la nôtre, de même longueur, boisage et « alignement de sablières cannelées par en haut et sans « division, séparée néanmoins par le bas d'un petit por-« tique d'environ 5 pieds dont chaque partie contient « deux demeures différentes. Celle qui regarde la ville « est du fief de ladite abbaye de Fontaine-Daniel et celle, « du côté du faubourg Saint-Martin, de la seigneurie de « l'Hôtel-Dieu, dont par l'aveu rendu par l'aumônier, « en 1450, il est dit qu'une portion de cette grande « maison, régnant le long de la nôtre, a été bâtie sur une « ancienne maison tombée en ruine et démolie, laquelle « maison semble avoir été l'ancienne maison du sei-« gneur.

« 4° Enfin de ce que l'on trouva, en 1695 ou 1696, en « relevant tout de neuf le coignage du pignon de « l'aumônerie et maison-Dieu, faisant partie de la dite « chaussée dont il est parlé ci-dessus, que l'on raccom-« modait alors, je dis, de ce que on y trouva, sous la pre-« mière pierre du fondement, un double noble à la rose « du poids d'un louis d'or et demi, dont l'inscription, « toute en lettres fort gothiques, était du nom d'Edouard, « roi d'Angleterre, dont le premier mourut en l'an 924 et

« le second de ce nom vivait en 975 et le troisième depuis jusqu'en 1066, qui n'ayant point eu d'enfants avec « Edith, fille du comte Godwin, institua Guillaume-le-« Bastard pour son héritier dudit royaume d'Angleterre, « en reconnaissance de ce qu'il l'avait accueilli et assisté « pendant son exil, dont il alla prendre possession ou « s'en emparer à force d'armes, en la même année 1066, « après la reddition de Mayenne, accompagné de Geof-« froy et de son fils[1].

« A quoi on pourrait joindre la découverte d'un vieux « four de pierre et de brique, trouvé dans le parapet « joignant la dite redoute, fort enfoncé en terre, où cuire « 100 livres de pain à la fois et où est la dite Maison-« Dieu ».

Les nobles à la rose ne dataient, en Angleterre, que d'Edouard III, fils d'Edouard II et d'Isabelle de France. Ils avaient été frappés avec les roses de Lancastre et d'York.

Joly faisait suffisamment ressortir, par son mémoire même, l'impuissance dans laquelle il était d'assigner une date certaine à la fondation de l'Hôtel-Dieu.

Son existence n'est en effet constatée, d'une manière sérieuse, qu'en 1224, par une charte aux termes de laquelle Guillaume Le Meunier et Mathilde, sa femme, traitèrent avec le frère Hilbert, procureur et maître de la Maison du Saint-Esprit du pont de Mayenne[2].

L'établissement était alors dirigé par des frères hospitaliers. Il passa ensuite sous l'autorité d'un aumônier qui se qualifiait « Maitre-administrateur ». Des provisions collectives du seigneur et des bourgeois de Mayenne

(1) Geoffroy ne courba pas la tête sous le joug du vainqueur et l'erreur de Joly est manifeste. Il confondait « Geoffroy de Maigne » avec « le Sire de « Mortaigne ». (V. *Dictionnaire historique de la Mayenne*, par M. l'abbé Angot).

(2) Voir à l'appendice, note A, cette charte de 1224.

accordaient cette charge à un prêtre de leur choix. En fait, l'aumônier en jouissait comme d'un bénéfice, ne résidait pas toujours et se faisait remplacer par un chapelain dans l'exercice du culte.

Les seigneurs de Mayenne ne paraissent pas s'être montrés généreux pour l'hôpital et il faut attribuer à la charité publique le développement qu'il atteignit. Néanmoins ils finirent par s'emparer du droit de disposer, seuls, de l'aumônerie, en faveur d'un prêtre à leur convenance. Des lettres de François de Lorraine, duc de Guise, marquis de Mayenne, du 21 juin 1559, portent cette phrase : « Savoir faisons que, sur le bon et louable « rapport qui nous a été fait par nos sujets, manants et « habitants de notre ville de Mayenne, de la personne « de notre cher et bien aimé Me Richard Joly, prêtre, « doyen et vicaire de l'église dudit Mayenne..., lui avons « donné et octroyé l'office de Maitre-administrateur de « l'hôpital et maison-Dieu de Mayenne, fondée par nos « prédécesseurs ». C'en était fait du droit de collation des bourgeois; les seigneurs finirent par ne plus même admettre leur participation au choix de l'aumônier, malgré les protestations des habitants, malgré le refus, que fit un jour le juge civil du marquisat, de recevoir le serment d'un aumônier.

Richard Joly et ses successeurs n'eurent plus le temporel de la maison à leur disposition; leur mission se borna aux soins spirituels et moraux de l'établissement. Des commissaires ou administrateurs spéciaux s'occupèrent dorénavant de la gestion des biens. Joly touchait 50^{f} de gages par an.

Le nom d'un grand nombre d'aumôniers peut être donné :

Hilbert, frère hospitalier, 1224.

Jean Guérin, 1412.

Jean Bourdon, 1412.

Guillaume Bourdon, maître ès-arts, « bachelier en « decret », curé de Notre-Dame de Mayenne, chapelain de la chapelle de Notre-Dame, fondée en l'église de Monsieur Saint-Lambert, sur la levée de Saumur[1], au diocèse d'Angers et chapelain de la chapelle de Saint-Nicolas, fondée au diocèse de Maillezais, dans la généralité de Poitiers, 1426.

Pierre Bruant, installé dans ses fonctions le 21 juin 1449.

Jean Prioulet, 1450, 1451.

Raoul Blanchet, 1455.

Jean Martinais, 1481 à 1495.

Guillaume Renard, 1508, 1510.

Léonard Chauchis, curé de Moulay, nommé par lettres de provision « de très-haute et très-puissante princesse « et dame, la reine de Sicile, duchesse de Lorraine et de « Bar, dame de Mayenne-la-Juhée », en date du 22 mars 1515. Il fut installé le 15 avril de l'année suivante par Lancelot Gaudon, curé de Parigné.

Guillaume Martinais, 1540 à 1553.

Michel Martinais, 1553 à 1557.

Guillaume Laleton, 1557, 1559.

Richard Joly, doyen et vicaire de l'église de Mayenne; il prit possession le 27 octobre 1560.

Macé Deletang, curé de Saint-Martin de Mayenne.

Pierre Joly, 1590 à 1607.

Robert Girard, qui obtint des lettres de provision de Charles de Lorraine, le 15 mai 1607.

Louis Lirochon, 1609.

Jean Le Gras, vicaire de Notre-Dame de Mayenne, curé de La Dorée, pourvu par lettres du 3 mars 1621.

René Desnos, 1650 à 1662. Il fut choisi par Charles, duc de Mantoue, le 24 novembre 1650.

Mathias Nivert, qui prit possession le 3 juin 1662. Sa

(1) Aujourd'hui Saint-Lambert-des-Levées (Maine-et-Loire).

nomination avait été faite par l'évêque du Mans le 31 mai précédent, sur la présentation d'Armand-Charles de Mazarin, duc de Mayenne, du 20 du même mois.

Jacques du Bois-Motté, curé de Notre-Dame de Mayenne, archidiacre du Passais. On le trouve aumônier en 1678. Il donna sa démission quelque temps après avoir été nommé grand vicaire du Mans (1).

Jacques Chabrun ; ses lettres de provision portent la date du 17 juillet 1682.

Pierre Delépine, 1683, 1684. Il donna sa démission devant Davoynes et Launay, notaires royaux à Mayenne, le 19 septembre 1684.

Pierre Joly, pourvu par l'évêque du Mans, sur la présentation du duc de Mayenne, le 29 décembre 1684. Son traitement à l'Hôtel-Dieu était de 200# par an.

Pierre Colin, 1730, 1732.

Jean Germain, 1732 à 1768. Il mourut le 13 décembre 1768.

Louis-Jean Tripier de la Grange (2), prêtre habitué de Notre-Dame, 1768 à 1770. Il fut entendu avec lui qu'il conserverait son habitation, paroisse de Notre-Dame, chez sa mère, pendant la vie de celle-ci. Il se contentait des honoraires de ses messes pour tout traitement. A la mort de la dame de la Grange, il habiterait l'Hôtel-Dieu et serait chauffé, couché, nourri et blanchi ainsi que les

(1) Du Bois-Motté, fils de Guillaume du B. et de Cécile de Chennevière du Parc, petit-fils de René du B. et d'Isabeau des Chapelles, arrière petit-fils de Michel du B. et de Michelle des Loges du Parc ; frère de Gaspard du B. qui épousa Marie de Merlin ; neveu de : 1° Thomas du B., mari de Marguerite de Souvré ; 2° Léonard du B., époux de Marguerite des Biards ; 3° Jacques du B., mari de Françoise de Bernières de Villiers.

Nous devons cette note généalogique à M. Gustave Lelièvre, avocat à Mayenne, que nous remercions de son obligeance.

(2) Louis-Jean Tripier de la Grange, né à Mayenne, le 21 octobre 1728, était fils de François Tripier de la Grange et de Marie-Perrine de Gasté, frère de Robert-Jean-Marie Tripier de la Grange, qui avait épousé Thérèse-Marie Chabrun de la Carlière.

gouvernantes de la maison. Comme ces dernières ne faisaient pas usage de vin, de la Grange retint qu'il en aurait trois seliers par jour.

Mathurin-François Rondeau, prêtre habitué de Saint-Martin de Mayenne, 1770 à 1775. Il touchait 386^{f}, mais devait gratuitement à l'Hôtel-Dieu six ordinaires de messes et la messe des dimanches et des fêtes. Il donna sa démission le 15 janvier 1775.

François Riou. Il était encore aumônier de l'Hôtel-Dieu à la Révolution (1).

L'un des aumôniers, Jean Guérin, fut, au xve siècle, déclaré déchu de tous droits sur l'Hôpital pour ses attaches au parti d'Orléans. Les bourgeois de Mayenne se réunirent le 3 janvier 1412, et, s'appuyant « sur certaine « constitution du pape Urbain V, contre ceux qui, lors « et au temps à venir, feraient guerre au royaume de « France contre la volonté et au grief et dommage du « roi et de la chose publique », déclarèrent que « Jean « Guérin était notoirement et publiquement (tant et « tellement que c'était chose qui ne pouvait être célée ou « dissimulée) familier, conseiller, aideur du duc d'Or-« léans et de ses alliés et consorts, que, par icelui fait, « il avait encouru les peines de ladite constitution et « était privé de l'administration de la Maison-Dieu ».

« Cette délibération fut rédigée par Gautier du Pont, « notaire juré de la Cour de Mayenne, pour très haut et « puissant prince le roi de Jérusalem et de Sicile, duc « d'Anjou, comte du Maine et seigneur de la terre de « Mayenne ». Y avaient assisté « Huet (Hugues) Guil-

(1) François Riou, prêtre habitué de Notre-Dame de Mayenne, fils de François Riou, hôte et de Catherine Mesnage, frère de Marie Riou, épouse de Daniel Lesueur-Barochas, hôte, oncle de Anne Lesueur-Barochas, qui épousa Charles Mahé. François Riou, notre aumônier, était titulaire de la prestimonie de la Frette dont le temporel consistait en immeubles, sis au lieu de ce nom, commune de Martigné.

« tier, procureur du roi de Sicile, en la baronnie de « Mayenne, Me Jacques Dupont, maitre-en-arts », et les bourgeois dont les noms suivent : Etienne André; Roland Blanchet, Robert Béon ; Jean Colteblanche ; Jean Lemaignen ; Etienne Martinais ; Robin Lestoré ; Guillaume Lestoré ; Etienne Surgan ; Guillemin Lemaréchal ; Guillaume de Montagu ; Jean de Brives ; Ernault Lamare ; Guillaume du Bac ; Jean Lemaire ; Guillaume Bretel ; Guillaume Le Paour ; Jean Cordelé ; Jean Surgan ; Guillaume Lenormand ; Jean Tronchay ; Alain Moreau ; Robin Goibin ; Guillot Morin ; Robin Buschet ; Jean Jarry et Jean Dupré.

Lors de la nomination de Léonard Chauchis, en 1515, l'Hôtel-Dieu avait déjà pour aumônier Guillaume Renard et il y eut conflit entre eux. L'un et l'autre se prétendaient en possession de l'office. Le litige fut porté devant les conseillers de la Chambre des Requêtes, en 1518. Pendant la durée du procès, il fallait pourvoir à l'administration des sacrements aux habitants de la maison : les plaideurs se mirent d'accord, en 1519, pour choisir un chapelain.

La duchesse de Lorraine soutint Chauchis dans son procès et y intervint même comme partie. Son fils, le comte de Guise, ratifia les provisions qu'elle lui avait octroyées et Guillaume Renard se trouva finalement écarté de l'aumônerie.

Le gouvernement intérieur de l'Hôtel-Dieu et le soin des malades étaient confiés à des filles d'âge mûr et à des veuves. Elles ne formaient pas une congrégation proprement dite, ne faisaient point de vœux publics et pouvaient être renvoyées lorsqu'on avait à se plaindre de leur service. On les nommait quelquefois « personnes données », parce qu'elles abandonnaient le monde pour se vouer à l'œuvre charitable et pieuse de l'hospitalité. Quelques servantes et des domestiques les aidaient et recevaient un petit salaire ; plusieurs ne demandaient que leur entretien et c'était le cas de la plupart des servantes.

La directrice portait le nom de « première gouver- « nante », quelquefois de « supérieure » ; on appelait ses compagnes « dames ou demoiselles gouvernantes ».

Des pensionnaires étaient reçus dans la maison, surtout des filles et des veuves qui désiraient se retirer du monde, sans entrer dans le cloître.

L'Hôtel-Dieu de Mayenne eut à lutter dans plusieurs circonstances pour garder son autonomie.

Henri II avait conféré au Grand-Aumônier de France, par ordonnance de 1555, la mission de conférer, « les « aumôneries, hôtels et maisons-Dieu et autres lieux « pitoyables, étant de plein droit à la disposition du roi ». D'autres ordonnances royales, tout en étendant ses pouvoirs, réservèrent les droits des seigneurs fondateurs ou patrons des hôpitaux.

L'aumônerie de Mayenne eût dû être considérée comme une fondation seigneuriale, par suite de l'usurpation des droits des bourgeois, dont on a parlé.

Néanmoins le patriarche, archevêque de Bourges, primat d'Aquitaine, conseiller du roi en ses conseils d'état et privé, grand-aumônier de France, voulut user vis-à-vis d'elle de son privilège, en 1593. Il fit sommer les administrateurs de l'Hôtel-Dieu de Mayenne, qui avaient été en fonctions depuis dix ans, de lui adresser, dans un délai de six semaines, l'état de leurs comptes, qui avaient dû être « tenus suivant les édits et « ordon- « nances du roi sur le fait des maladreries et hôpitaux « du royaume » et les pièces justificatives de ces comptes.

Le Grand-Aumônier prétendait aussi qu'il était informé de la ruine des bâtiments de l'Hôtel-Dieu et prescrivait la confection d'un état de lieux.

Sa sommation fut signifiée par René de Rommagné, sergent royal, à Me René Lefebvre, sieur de Cheverus[1] et à Me Pierre Gaudin, sieur du Bois-Huchet, « qui depuis « dix ans en çà » avaient administré l'Hôpital. Voici dans quels termes le sergent mentionna la réponse qui lui fut faite par le sieur de Cheverus et constata l'état des lieux :

« .... A quoi le dict Lefebvre a faict response : que « l'aumosnerie de Mayenne n'estoit de fondation royale, « ni hospital et hostel-dieu érigé en titre de bénéfice, « mais consiste seullement en quelques aumosnes qui « ont esté faittes par les habitans de la ville de Mayenne, « lesquelles se montent à si peu de revenu qu'elles ne « suffisent pour nourir et subvenir à la dixième partie « des pauvres qui se retirent en ladite aumônerie et « autres pauvres de ladite ville ».

« Lui, Lefebvre, continuait le sergent, ce néanmoins a « esté commis, suivant les ordonnances royaux, par les « habitants dudit Mayenne pour régir, gouverner et « administrer le revenu de ladite aumônerie, dont il a « par ci-devant tenu et rendu compte auxdits habitants, « pour le temps que ils l'ont nommé et élu en ladite « charge, par devant les juges et officiers du duché de « Mayenne, comme prochains juges et ressortissants « nuement en la Cour du Parlement.

« Que, tant s'en faut, constatait Rommagné, qu'il se « trouve aucun reliquat entre les mains dudit Lefebvre, « administrateur.

« Que, au contraire, il a fait beaucoup de frais, en « plus avant que ne se monte le revenu de ladite aumô- « nerie, pendant le temps qu'il a été en ladite charge, « signamment attendu le ravage des fruits, tant naturels « qu'industriels, des immeubles dépendant de ladite « aumônerie et bestiaux étant du peuplement d'iceux; « toutes lesdites choses, ainsi pillées et arrivées pendant

(1) Le nom de « Cheverus » était écrit autrefois « Chefvruc ».

« le temps de trois sièges qui ont été, depuis quatre ans « en çà, devant la ville et châtel dudit Mayenne et aussi « pour les réparations et entretien du logis et bâtiments « de ladite aumônerie, lesquels sont en tel état qu'il n'y « a aucunes ruines et démolitions, combien qu'elle soit « située au pied du châtel de cette ville de Mayenne ait « été gâtée par diverses fois au regard de la couverture, « par les gens de guerre et coups de canon et arque- « buse, dont à l'instant et levée desdits sièges, elle a été « tellement réparée et mise en état qu'il n'y défaut « aucune chose à présent, ni même des lieux et dépen- « dances, qui nous ont apparu et aux témoins ci-après « avoir été bien et dûment réparés, même les portes qui « avaient été brûlées et brisées ont été refaites et remises « de neuf, qu'il n'y défaut aucune chose, hors qu'il « parait seulement sur ladite aumônerie trois ou quatre « coups d'arquebuse que ledit Lefebvre nous a dit être « arrivés depuis quinze jours en çà, dont ledit Lefebvre « nous a requis acte que lui avons octroyé, pour lui « servir et valoir ce que de raison.

« Dont et de ce que dessus, moi, René de Rommagné, « sergent royal au pays et comté du Maine, certifie être « vrai.... »

Françoise Gastin, veuve de René Lefebvre de Cheverus, pour mettre fin à toute supposition malveillante, produisit, le 2 mai 1608, le compte de son mari à « Pierre de « Champhuon, conseiller du roi, juge des Exempts par « appel et pour les cas royaux, à Laval, commissaire de la Cour en la Chambre de Charité ». La veuve de René Lefebvre était représentée par Jean Belocé, sieur de Brives, élu en l'élection de Laval. Le compte présentait un reliquat de 15# 5 sous 11 deniers en faveur du défunt.

Le sergent Rommagné parlait du pillage dont avaient été l'objet les biens de l'Hôtel-Dieu. Il eût pu citer des exemples. En 1592, il ne resta pas de bestiaux sur les métairies de la Courbe et de la Féronnière, situées paroisse de Saint-Martin de Mayenne, qui appartenaient à l'aumônerie et celle-ci n'en tira que « 44 boisseaux de « blé-seigle et 40 boisseaux de froment noir, mesure « de Mayenne, rais le bois ».

Les hospitaliers du Saint-Esprit d'Auray alléguèrent plusieurs fois avoir des droits sur la maison de Mayenne.

En 1662, Jean-Alexandre des Escures, religieux profès de l'ordre des hospitaliers de Saint-Augustin, présenta au Grand-Conseil du roi une requête tendant à faire rentrer sous son autorité la Maison-Dieu de Mayenne. Un conflit surgit entre lui et le commandeur d'Auray. Des Escures se prévalant des termes de plusieurs bulles des papes et notamment de celles de Grégoire XI et d'Urbain VIII, des années 1373 et 1625, qui avaient été accordées sur la demande des rois de France, déclarait qu'au mépris de ses droits, « le commandeur séculier de « la maison magistrale d'Auray voulait s'arroger à tort « le pouvoir de conférer diverses commanderies et « hôpitaux et notamment celui de Mayenne-la-Juhée qui « dépendait de son ordre, sous prétexte qu'ils étaient « de sa collation et filles de la maison du Saint-Esprit « d'Auray ». Nous ne savons quel fut l'issue du débat.

En 1717 la Maison-Dieu de Mayenne fut sérieusement inquiétée par Jacques-Valentin Guestre de la Sauvagère, religieux du Saint-Esprit, qui alléguait qu'elle dépendait de la magistrale d'Auray. Il en fit même dresser un acte de prise de possession le 21 ou le 24 mai 1717 [1].

Les administrateurs de notre Hôtel-Dieu résistèrent et l'affaire fut portée au Grand-Conseil.

Pierre Joly, alors aumônier, rédigea le long mémoire, dont nous avons déjà donné des extraits, et lutta avec

(1) Voir Lettres patentes du 21 mars 1663 et arrêts du Grand-Conseil des 10 mai 1700, 8 avril et 3 juillet 1716, 22 février 1717.

énergie contre cette entreprise. Pierre Lelouable, prêtre habitué, retiré à l'hôpital, fut envoyé à Paris pour suivre le procès et emporta quantité de pièces qu'il fallait produire, mais qui malheureusement ne revinrent jamais à Mayenne. Elles furent sans doute probantes, car Guestre proposa une transaction quelques mois après, et fit, dans ce but, des démarches près du duc de Mazarin qui se laissa gagner et adressa, en 1718, un projet d'arrangement à l'Hôtel-de-Ville de Mayenne. Cette proposition y fut mal accueillie. Très-soucieux de l'autonomie de l'Hôtel-Dieu, les bourgeois de Mayenne observèrent respectueusement au duc qu'il était dupe des manœuvres des hospitaliers d'Auray. « Ne voyez-vous pas, disaient-ils, qu'en cherchant « un accommodement, les religieux laissent voir que le « bon droit n'est pas de leur côté. Ils emploient la ruse « et la finesse pour tromper votre religion. Gardez-vous « en ».

Au cours du procès, Guestre avait produit plusieurs documents dont l'authenticité était un peu suspecte. Voici la traduction de l'un d'eux, écrit en latin.

« Au nom de Dieu, ainsi soit-il.

« Frère Jean Monnet, prêtre de Saint-Augustin, cha- « noine régulier de la Commanderie, maison magistrale « et hospitalière du Saint-Esprit d'Auray... et de tout « l'ordre archihospitalier des maisons hospitalières du « Saint-Esprit, sous la dépendance immédiate du Maitre « général du même ordre.

« Que chacun sache que, dans l'année 1288, le jour « d'avant la fête de la décollation de Saint-Jean-Baptiste, « *après avoir invoqué le Saint-Esprit*, à notre « retour à Auray, se sont présentés devant nous les « commandeurs des maisons hospitalières de... et de « Mayenne-la-Juhée [de Mayennâ Juheâ] dont nous « avons la collation.

« Ils nous ont donné, relativement à leurs comptes, les « justifications d'usage, même pour ce qui concerne « leurs dépendances, le tout en bonne et due forme. « Nous en avons été satisfait, ainsi que du cens annuel « qu'ils ont versé à notre magistrale.

« En foi de quoi... »

Cette pièce avait excité l'indignation de Joly.

[Il est facile, disait-il, de réduire à néant ce factum. Vous montrez que vous avez eu dans frère Monnet un chanoine zélé pour l'extension de votre ordre. Il convoitait l'Hôtel-Dieu de Mayenne, désirait le rattacher à sa magistrale et a voulu créer un document qui pût servir à ses successeurs : voilà tout. Il a écrit sur son registre ce qui lui plaisait et personne ne pouvait l'en empêcher.

Que peut-on penser de l'invocation au Saint-Esprit de votre frère Monnet et du compte que lui a rendu le Commandeur « de Mayennâ Juheâ » ?

Il n'est pas, ce semble, ni de l'ordre, ni du bon sens, ni de la nécessité, ni de la part d'un religieux d'employer ce nom si adorable pour verbaliser de l'arrivée du Commandeur de Mayenne et de la réception de son compte. N'est-il pas clair que l'Esprit-Saint n'est introduit dans son écrit qu'à dessein d'y attirer plus de créance ?

Les termes « de Mayennâ Juheâ » sont barbares et inusités. Jamais on n'a écrit « Mayenna » mais bien « Meduana ». Cela montre assez que votre titre a été fait par une personne qui n'avait jamais connu Mayenne.

La religion et la charité, continuait l'aumônier, ne me permettent pas de juger en mauvaise part d'un ordre régulier, ni de la moindre personne, et, au lieu de croire ces religieux capables de fourberie, j'en laisse le jugement à Dieu et à la pénétration de personnes plus sensées].

A l'allégation de Guestre que l'Hôtel-Dieu avait un revenu de 3000[f], ce qui était à peu près exact, l'aumônier affirmait, contrairement à la vérité, qu'il était dans l'erreur et répondait : [Votre ignorance sur le revenu de l'aumônerie, prouve que vous ne savez rien de ce qui l'intéresse. Il n'est que de 1500[f]]. On ne pouvait tromper plus effrontément.

Il avait été dit par Guestre que la Maison-Dieu de Mayenne s'appelait « le Saint-Esprit », parce qu'elle était de la fondation des hospitaliers de ce nom. Joly répliquait : [c'est une supposition. La chapelle n'est point dédiée au Saint-Esprit, que je sache, (en cela il déguisait aussi la vérité). Ce n'est que par un abus populaire, qu'on nomme la chapelle de l'Hôtel-Dieu, « du « Saint-Esprit » ; il est provenu de ce qu'il y avait sur l'autel (lorsqu'on y mit, en 1683, un tabernacle), un tableau en bois de la Sainte-Trinité. Auparavant la construction de la chapelle de la Trinité (de Notre-Dame de Mayenne), on venait dire à la nôtre des messes du Saint-Esprit, dont le nom lui est demeuré. Qu'importe. A quoi bon dépouiller l'Hôtel-Dieu de son titre populaire de « Saint-Esprit »? Il ne suffit pas pour en faire une maison des Hospitaliers du Saint-Esprit. Deux noms semblables ne font point un lien de parenté].

Résumons la péroraison de l'aumônier.

[Ces petits moyens, disait-il à Guestre, font clairement voir que vous êtes réduit à l'impuissance de prouver les droits que vous invoquez. C'est à vous à les établir et vous ne le pouvez. L'Hôtel-Dieu de Mayenne est laïque ; de temps immémorial, le seigneur et les bourgeois en ont toujours eu la possession publique, paisible, sans interruption, et vos flèches viendront s'émousser contre ses murailles. A l'époque des troubles civils (de la Ligue), il exista dans notre contrée, comme dans le reste de la France, un désordre déplorable dans la collation des bénéfices. Chacun courait après. Si les Hospitaliers avaient eu l'ombre d'un droit sur notre Hôtel-Dieu, ils n'eussent pas laissé passer la circonstance sans en user. Ils ne tendent pas tant à la conservation du bien des pauvres qu'à s'enrichir de leurs dépouilles).

Enfin Joly terminait par cette malice : « Les maisons « régulières attachent à leurs menses tout ce qu'elles « peuvent, et si on les obligeait à montrer leur première « fondation et à rendre ce qu'elles ont usurpé, plusieurs « deviendraient bientôt semblables à la corneille « d'Esope, couverte du plumage des autres oiseaux, si « chacun reprenait le sien. Notre Maison-Dieu n'a que « de trop tristes exemples de cela, ayant été dépouillée « par des abbayes et des seigneuries d'une partie de ses « fiefs, sans parler des autres réguliers ».

L'aumônier, par ce coup de plume, piquait au vif une plaie du temps ; les mainmises frauduleuses dont il parlait avaient trop souvent réussi.

Les Hospitaliers durent finalement abandonner leur procès.

L'Hôtel-Dieu de Mayenne fut l'objet d'autres convoitises, mais réussit toujours à échapper à l'avidité des étrangers.

Joly était janséniste ; on a pu apprécier son caractère par l'impudence de ses négations.

Son testament olographe serait à citer en entier ; il s'y montre d'une humilité admirable, plus que d'usage, car il était alors de mode de laisser des dispositions testamentaires édifiantes. Un saint n'eût pas tenu un langage autre que celui de notre aumônier. On peut se demander ce qu'il faut en penser, si la sincérité du testateur était complète, s'il ne se réjouissait pas à l'avance de l'éclat posthume que tant de renoncement ne pourrait manquer d'attirer sur son nom, si tant d'abaissement de sa part aux yeux du monde ne confinait pas à l'orgueil. Son ami, le janséniste Anjubault, principal du collège de Mayenne, avait aussi de ces protestations d'indignité.

Le testament de Joly est fort long et il ne peut en être donné ici que des extraits :

« Au nom du Père et du Fils et du Saint-Esprit. Ainsi « soit-il.

« Je, Pierre Joly, prêtre, soussigné, sain de corps et « d'esprit, me sentant infiniment redevable à la bonté « de mon Dieu de tous ses bienfaits et passible davan- « tage à sa justice, par la grande multitude et l'énor- « mité de mes péchés, et, dans l'impuissance de satis- « faire à ce que je lui dois, en reconnaissance des grâces « que j'en ai reçu et pour l'expiation de mes crimes, je « remets mon âme entre ses mains et m'abandonne uni- « quement à la disposition de sa divine volonté, le sup- « pliant très-humblement de ne pas envisager mon « ingratitude, ni le mauvais usage que j'ai fait de ses « biens, non plus que les dérèglements et le scandale de « ma misérable vie, mais de m'en accorder le pardon « du fond de ses miséricordes infinies, par les mérites « de la mort et passion de son fils bien-aimé, mon sau- « veur Jésus-Christ, vrai Dieu et vrai homme, attaché « par moi dans l'arbre de la croix et réellement contenu « au Très-Saint-Sacrement de l'autel, et par l'intercession « de la glorieuse Marie toujours Vierge, sa mère, Saint- « Joseph, son chaste époux, Sainte-Anne, Saint-Joachim, « Saint-Pierre, mon patron, Saint-Julien, mon ange gar- « dien et tous les esprits célestes, Saints et Saintes du « paradis, et, ne voulant mourir sans disposer de mes « dernières volontés, ai fait mon testament en la manière « qui suit :

« Pour satisfaire en quelque façon à sa justice pour « l'abus continuel que j'ai fait de ses grâces et la gran-

« deur de mes péchés et avoir si souvent déshonoré la « sainteté de mon ministère par la multitude infinie de « mes crimes, j'en fais amende honorable à mon Dieu, à « la face du ciel et de la terre, la corde au cou et la torche « à la main, et veux mourir et être enterré en cet état, « en réparation publique de mes péchés particuliers et « du mauvais exemple que j'ai causé pendant ma vie, « au grand cimetière de la paroisse où je décéderai, au « milieu et contre la porte par où l'on a de coutume d'y « entrer, pour être foulé aux pieds des passants, selon « mes démérites et y demeurer, après ma mort, au rang « des pénitents de la primitive Eglise, pour ne m'y être « pas tenu pendant ma vie comme je le méritais; et qu'à « ma sépulture, afin de ne point déroger de mon indi- « gnité, il ne soit fait qu'un service de la moindre classe, « d'une seule messe, avec un luminaire non excédant « en tout trente sols; défendant expressément à qui que « ce soit, parents, curés ou prêtres d'en faire davantage, « à peine d'en être responsable, comme d'un attentat « aux ordres de la justice de Dieu, à qui je reconnais « devoir cette satisfaction et même d'être indigne de la « sépulture ecclésiastique; que mon et misérable corps « soit porté par six pauvres et non par des prêtres et le « petit cierge et les chandelles par sept autres, à cha- « cun desquels il sera délivré dix sols. Je ne veux point « d'autre sonnerie que celle d'un pauvre, ni de bâton, « ni d'échelettes, et que l'on donne aux sonneurs vingt « et un sols seulement, partie pour devoir, partie par « charité, et huit sols pour ma fosse, sans cercueil.

« Je laisse deux ordinaires, un par chaque année, « pour deux ans seulement, qui seront dits par le prin- « cipal du collège auquel il sera délivré vingt livres « pour chacun, faisant en tout quarante livres à une « fois payer, et ce, en la chapelle Saint-Anthoine [1],

[1] Chapelle du cimetière de Notre-Dame de Mayenne.

« pour satisfaire aux personnes vivantes ou mortes à qui « je pourrais être redevable sans le connaître.

« Je donne aux Révérends Pères Capucins de cette « ville trente livres à une fois payer, autres trente livres « aux prisonniers et pareille somme aux pauvres pour « les malades, le tout à une fois payer.

« Je donne à l'Hôtel-Dieu pour satisfaire aux fautes « que j'y ai commises ou aux omissions ou prévarica- « tions en mes devoirs, tant spirituels que corporels, à « l'égard des pauvres qui y ont été reçus, la somme de « huit cents livres, que je veux, incontinent après ma « mort, être délivrée au procureur de l'Hôtel-Dieu et « colloquée en fonds ou rente constituée, pour, des arré- « rages qui en proviendront, revenant à quarante livres « par an, être délivré à chacun des pauvres convales- « cents, qui sortiront dudit Hôtel-Dieu, un pain d'un sol « ou un sol en argent.

« Je donne encore audit Hôtel-Dieu tous mes livres et « les dressouers et ais et carreaux, servant à les porter « et mes écrits, pour y servir d'un fonds d'une pauvre « petite bibliothèque, à condition qu'il n'en sera ni « vendu, ni prêté, ni donné, ni échangé aucun, pour « quelque cause que ce soit ; et, en cas du contraire, je « les donne, dès à présent, aux mêmes conditions, à « l'Hôpital général de Laval [1]...

« Ce jeudi dix-huitième août mil sept cent sept, « environ midi ».

(Signé) P. Joly [2].

Michel Davoynes, successeur d'Anjubault, comme principal du collège de Mayenne, était l'exécuteur testamentaire du défunt.

(1) Joly possédait la ferme de Ville-Chardon, paroisse de Landivy, la closerie des Loges, en Parigné, « un petit bien » à Quittay, en Saint-Georges-Buttavent, et des rentes.

(2) Joly avait une sœur germaine, Nicolle Joly, et un frère utérin, Michel Pilon.

L'Hôtel-Dieu de Mayenne avait traversé les siècles sans avoir d'existence légale et ne possédait pas de lettres patentes d'autorisation. Comme conséquence, il était sans qualité pour accepter régulièrement des legs et des donations et ne pouvait se faire rendre justice lorsqu'on le dépouillait. L'héritier du bienfaiteur ne succède souvent pas aux sentiments qui animent celui-ci et ne se dessaisit qu'à regret. L'hôpital ne pouvait aisément le poursuivre.

Les officiers de la Barre ducale étaient les juges naturels de l'établissement, mais les juges royaux faisaient difficulté de le renvoyer devant eux parce qu'on ne pouvait justifier que la maison se trouvait dans la juridiction seigneuriale. A l'instigation de Joly, ces considérations qui, comme on le verra, n'étaient que trop motivées, furent exposées, le 9 mai 1700, par le procureur de l'Hôpital, Nicolas de la Motte de Beauvais, aux administrateurs réunis, qui se décidèrent à solliciter des lettres patentes. Elles furent obtenues au mois d'août suivant et étaient conçues en ces termes :

« Louis, par la grâce de Dieu, roi de France et de « Navarre, à tous présents et à venir, salut. Notre cher et « bien-amé le procureur-administrateur de l'aumônerie, « hôpital et hôtel-Dieu de la ville de Mayenne, nous a « très-humblement fait remontrer que, de temps immé- « morial, il y a eu un hôtel-Dieu établi en ladite ville, « mais, soit par la négligence de ceux qui en avaient « autrefois l'administration, soit à cause des guerres et « siéges du château et de ladite ville, prise et pillée plu- « sieurs fois, on n'a pas pu, quelque diligence qu'on ait « faite, trouver les premières lettres patentes d'établisse- « ment dudit hôtel-Dieu, non plus que le nom du fonda- « teur, ce qui fait un préjudice considérable aux pauvres « par le refus que font aucuns de ceux qui contractent « avec ledit hôtel-Dieu et que font aussi les héritiers de

« ceux qui lui ont fait quelques legs, d'exécuter les traités
« et contrats et de satifaire aux dons et legs qu'ils ont
« faits à cette maison. Néanmoins ledit exposant a trouvé
« dans le trésor dudit hôtel-Dieu une grande quantité
« de titres, dont le premier est de l'année mil quatre
« cent douze, qui justifient pleinement l'antiquité de
« l'établissement dudit hôtel-Dieu, et que, dès lors, avant
« et depuis ledit temps jusques à présent, on y a toujours
« reçu et on y reçoit encore tous les jours les pauvres
« malades, ce qui oblige l'exposant audit nom d'avoir
« recours à Nous et de Nous supplier humblement de
« vouloir accorder audit hôtel-Dieu les lettres patentes
« sur ce nécessaires. A ces causes, après avoir fait voir à
« notre Conseil les titres ci-dessus nouvellement recou-
« vrés, attachés sous le contre-scel de notre chancellerie,
« par lesquels il se voit qu'il y a toujours eu un Hôtel-
« Dieu en ladite ville de Mayenne, Nous, de notre grâce
« spéciale, pleine puissance et autorité royale, avons
« approuvé, autorisé, et confirmé et, par les présentes
« signées de notre main, approuvons, autorisons et con-
« firmons en tant que de besoin l'établissement de ladite
« aumônerie, hôpital et hôtel-Dieu, en ladite ville de
« Mayenne; ce faisant, permettons aux administrateurs
« d'icelui, qui sont à présent en charge et à leurs succes-
« seurs qui y seront nommés, de traiter et contracter, au
« nom dudit hôtel-Dieu, même de recevoir et accepter
« tous dons, legs, gratifications, et autres libéralités qui
« lui seront faites par testaments, codicilles, donations
« entrevifs ou à cause de mort ou par tous autres actes
« que ce soit; et, en tant que de besoin, confirmons les
« traités et contrats ci-devant faits, au nom dudit Hôtel-
« Dieu, comme aussi tous les dons, legs, gratifications
« qui lui ont été ci-devant faits, sans qu'il y puisse être
« troublé, ni inquiété faute de représentation des premiè-
« res lettres patentes de nous ou nos prédécesseurs rois;

« voulons en outre que le procureur-administrateur, qui « gouverne le temporel dudit hôtel-Dieu, soit tenu d'en « compter chaque année et, faute d'y avoir satisfait avant « la fin de celle d'après son administration, que les offi- « ciers du Corps de ville et les particuliers habitants, qui « ont droit ordinairement de nommer un procureur- « administrateur, y pourvoient à peine de demeurer « responsables, chacun en leur propre et privé nom, « du divertissement ou mauvais emploi qui pourrait « être fait des deniers et revenus dudit hôtel-Dieu. « Enjoignons, à cet effet, à notre amé et féal le vicomte « de Miromesnil, commissaire départi en la généralité « de Tours et à ses successeurs, d'y tenir la main. Si « donnons en mandement à nos amés et féaux conseil- « lers, les gens tenant notre Cour de Parlement de Paris, « Chambre des Comptes audit lieu, aux officiers du « duché et pairie de Mayenne et à tous autres nos justi- « ciers et officiers qu'il appartiendra, que, ces présentes, « ils aient à enregistrer et du contenu en icelle faire « jouir et user ledit hôtel-dieu, pleinement, paisible- « ment et perpétuellement, cessant et faisant cesser tous « troubles et empêchements au contraire, car tel est « notre plaisir; et, afin que ce soit chose ferme et stable « à toujours, nous avons fait mettre notre scel à ces pré- « sentes. Donné à Versailles, au mois d'août, l'an de grâce « mil sept cent et de notre règne le cinquante-huitième. « (Signé) Louis. Par le roi, Phelippeaux » (1).

L'aumônier de la Maison-Dieu était « sujet en gardes « et ressort du seigneur de Mayenne, à la charge du ser- « vice divin et gouvernement de l'aumônerie, pour rai- « son et à cause de divers cens, rentes et devoirs, fonds,

(1) L'enregistrement de ces lettres patentes coûta à l'Hôtel-de-Ville 37l ✝ 4 sous 6 deniers.

« domaines, droits, usages, franchises et libertés »[1].

Le seigneur de Mayenne relevait du roi, à foi et hommage simple, pour l'Hôpital. Dans un aveu que rendit au roi, par la Tour du Louvre, Armand-Charles de la Porte, duc de Mazarin et de Mayenne, le 11 avril 1669, on mentionna « le droit de présentation du bénéfice et « aumônerie de l'Hôtel-Dieu ».

Cet établissement n'ayant pas payé la part contributive, qui avait été mise à sa charge dans les 500.000 écus, auxquels furent taxés les bénéfices, en 1578, on voulut le contraindre à s'acquitter, en saisissant ses deux métairies, dont il a été parlé, la Courbe et la Féronnière. Un arrêt déchargea l'Hôpital de tout paiement, parce qu'il était, disait-on, une fondation des seigneurs de Mayenne.

Quelques années après, en 1587, une taxe de 24 écus, imposée par le roi, fut payée, il est vrai, mais restituée plus tard[2].

(1) On trouvera à l'Appendice, note B, l'analyse d'une Déclaration de l'aumônier au seigneur de Mayenne, du 9 février 1450.

(2) L'hôpital envoya à Tours un exprès pour toucher les vingt-quatre écus restitués. Celui-ci voyagea à cheval et dépensa deux écus et demi. Un homme qui, dans le même temps, se rendit à Tours pour les besoins de l'établissement, ne fit qu'un écu et demi de frais.

CHAPITRE II

DESCRIPTION DE L'HOTEL-DIEU, EN 1702. — RECONSTRUCTION DE SA CHAPELLE. — ÉTAT DE SES FINANCES, EN 1716. — DONATIONS ET LEGS DIVERS. — ESSAI DE FONDATION D'UN HOSPICE POUR LES ORPHELINS.

Après la délivrance des lettres patentes dont il a été parlé, la Chambre des Comptes exigea, préalablement à leur enregistrement, un état de lieux de l'Hôpital. Ce travail fut confié au juge royal de Bourgneuvel, René des Aulnois, qui dressa, le 27 septembre 1702, un procès-verbal de visite dans lequel on lit :

« L'Hôtel-Dieu de Mayenne est composé de deux gran-
« des salles pour les malades, l'une pour les hommes et
« l'autre pour les femmes, dans l'une desquelles il y a
« dix-sept lits, en l'autre seize lits, tous garnis et en bon
« état avec tentures. Au bout desdites salles est située la
« chapelle, dédiée au Saint-Esprit, où les malades peu-
« vent commodément entendre la messe sans sortir de
« leur lit. Dans la chapelle, il y a un tabernacle où repose
« le Saint-Sacrement et une lampe ardente, le jour et la
« nuit, un calice et autres ornements nécessaires, de
« toutes couleurs.

« Outre ce bâtiment, il y a un corps de logis adjacent
« et joignant ladite chapelle et les deux salles, séparé
« seulement d'une petite cour, où logent les filles qui
« ont soin des malades et qui se sont données au service
« des pauvres, avec les domestiques nécessaires pour le
« service de la maison. Il y a un fournil avec le four, au
« bout du corps du logis, pour cuire le pain.

« Au bout de la cour est une apothicairerie dans « laquelle sont toutes les drogues nécessaires pour com- « poser les remèdes dont les malades peuvent avoir « besoin, suivant l'ordonnance des médecins, avec une « chambre sur ladite apothicairerie dans laquelle loge « une des gouvernantes des pauvres, qui a soin de pré- « parer les remèdes.

« Sur le fournil est une chambre dans laquelle nous « avons remarqué un coffre fermant à deux clés où sont « renfermés les titres concernant le revenu dudit Hôtel- « Dieu.

« Le grand corps dudit Hôtel-Dieu, dans lequel sont « logées lesdites filles et domestiques, est composé d'une « cuisine, salle et cellier à côté et, au-dessus, d'une « grande chambre avec une petite à côté et des greniers.

« Tous les bâtiments et chapelle sont séparés des bâti- « ments des particuliers, par des rues et par la rivière, « en sorte que les particuliers ne peuvent en recevoir « aucun incommodité.

« Il y a un jardin dépendant dudit Hôtel-Dieu, situé à « proximité, contenant deux arpents de terre ou environ, « clos de murailles ».

La chapelle fut réédifiée, en 1711, et se trouva prête à être occupée l'année suivante. On en trouvera la description dans la pièce suivante, adressée à l'évêché pour obtenir la permission de bénir le nouvel édifice.

« Du jeudi 9e juin 1712, avant midi, nous Gilles Bordelay, curé-doyen de Mayenne, assisté de maitre Fran- « çois Guiault, prêtre vicaire, notre greffier ordinaire, « savoir faisons qu'à la requête de vénérable et discret « maitre Pierre Joly, prêtre, aumônier chapelain titu- « laire de l'Hôtel-Dieu de cette ville, et encore de mai- « tre Pierre Lelouable, prêtre et bienfaiteur dudit Hôtel- « Dieu, ensemble des dames Marie Guiault et Louise « Péan, anciennes gouvernantes de ladite maison, et de

« plusieurs autres, nous nous sommes exprès transporté, « d'office et à leur réquisition, pour voir et visiter « l'église ou chapelle nouvellement construite sous le « nom et adoration du Saint-Esprit, au lieu et place où « elle était autrefois et qui n'avait été détruite que par « la permission et en conséquence de l'ordonnance de « défunt Monseigneur l'illustrissime et révérendissime « évêque du Mans, pour être réédifiée et remise dans « un état plus propre et décent, telle qu'elle a été faite et « est aujourd'hui. Pourquoi, avons premièrement « observé que ladite chapelle a 43 pieds ou environ de « longueur sur 33 pieds de largeur et plus de 22 pieds « de hauteur à prendre depuis le rez-de-chaussée jus- « qu'à l'entablement de la couverture, le tout bâti en « pierres de taille de grain, de chaux et de sable, le « tout bien renduit, poulfri et blanchi, et la voûte « d'icelle lambrissée à l'entier, trois fenêtres bien vitrées « et garnies de ferrailles de la hauteur de plus de 16 « pieds sur 8 de large, le pavage fait de grands car- « reaux de briques d'un pied carré, le grand portail de « plus de 13 pieds de haut à deux battants, bien garnis « de gonds et autres ferrures, de 8 pieds de large. La « dite chapelle divisée par une balustrade de bois fort « propre, au-delà de laquelle sont les gradins de l'autel « d'une fort belle menuiserie, et l'autel situé dessus « avec des gradins dans le fond, ledit autel long de 8 « pieds et large à proportion. Dans le fond de l'autel et « dans une grande niche, de hauteur de plus de quinze « pieds sur dix de large, est posé le tabernacle pour y « conserver le Saint-Sacrement, pour le secours et la « consolation des malades dudit Hôtel-Dieu, et à côté « dudit tabernacle, deux figures en bosse, d'une hau- « teur décente, et propres et bien étoffées, l'une de la très- « Sainte-Vierge, mère de Dieu, et l'autre de Saint-Jean- « Baptiste. A côté dudit autel sont deux crédences de

« menuiserie fort propres et peintes, et, du côté de l'épî-
« tre, est la porte de la sacristie, faite aussi de pierres de
« taille et fort propre. On y voit plusieurs tableaux
« grands et petits, l'autel bien garni de nappes et
« devants d'autel, crucifix, chandeliers, plusieurs por-
« celaines pour la décoration, un bénitier de pierre de
« marbre à l'entrée de ladite chapelle, dont la façade
« répond à la principale salle dudit Hôtel-Dieu, une
« lampe placée au milieu et entretenue d'huile, le clo-
« cher situé sur le pignon d'en bas de ladite chapelle
« avec l'ancienne cloche ; le tout dans un état très-régu-
« lier et canonique. A quoi lesdits requérants et bien-
« faiteurs ont ajouté qu'ils avaient, grâce à Dieu, des
« ornements en quantité et très propres pour le service
« de ladite chapelle et qu'ils espéraient bien encore les
« augmenter et faire faire un tabernacle encore plus
« riche que celui qui y est actuellement placé. Nous
« faisons aussi observer que la couverture de dehors
« était toute d'ardoises et très-propre, qu'il y avait
« néanmoins au dehors des murailles quelque partie de
« poulfrissure qui manquait, mais qu'il était facile de
« réparer et d'achever. Par quoi, ils ont protesté de
« poursuivre incessamment l'entrepreneur, sans que
« le présent procès-verbal puisse préjudicier aux clau-
« ses du formulaire, ni favoriser sa réception en cas
« qu'on n'y ait pas satisfait. Dont et tout ce que dessus,
« nous avons dressé notre procès-verbal, pour icelui être
« envoyé à messieurs les Grands-vicaires, le siège épisco-
« pal vacant, pour iceux être très-humblement suppliés
« de vouloir bien ordonner que ladite chapelle soit inces-
« samment bénite et consacrée, ensemble le tabernacle,
« les images et toutes autres choses qui aux termes du
« rituel de ce diocèse, sont sujettes et méritent la béné-
« diction épiscopale ; le tout requérant célérité pour la
« consolation des pauvres malades qui, par ce moyen,

« assisteront au saint sacrifice de la messe et seront plus « promptement secourus par l'administration des sacre- « ments. Dont et tout ce que dessus nous avons dressé « le présent procès-verbal, présence et assistance de « Marin Renaut, marchand, Michel Girard, aussi mar- « chand et Michel Goaut, marchand, auxquels nous « avons donné lecture de notre présent procès-verbal, « qu'ils ont dit bien entendre et affirmé et l'ont, icelui, « signé avec les requérants et nous, commissaire et gref- « fier susdits.

« (Signé) Bordelay, curé-doyen de Mayenne (1) ; « Guiault, prêtre greffier ; Joly, prêtre indigne ; Leloua- « ble (2) ; M. Renault; Michel Gouault; Michel Girard (3); « Marie Guiault ; Louise Péan ; Julienne Guiault ; « Françoise Thoumin (4) ; M.-R. Deschamps (5); J. Chan- « tereau (6).

« Auguste Levayer, prêtre, docteur en Sorbonne, « doyen et chanoine de l'église du Mans et Charles « Débonnaire, docteur en Sorbonne et chanoine de ladite « Eglise, vicaires généraux du vénérable chapitre, le « siège épiscopal vacant », commirent le 13 juin 1712,

(1) Gilles Bordelay, fils de Jacques Bordelay, avocat, et de Marie Bourgeois frère de Daniel, Jean, et Jacques Bordelay. Il avait été curé de Parigné, doyen d'Evron. Sa prise de possession de la cure de Notre-Dame eut lieu le 9 décembre 1705.

(2) Pierre Lelouable avait pour frères et sœur, François L., René L., et Anne L., épouse d'Antoine Gestière, avocat.

(3) Michel Girard, mari de Perrine Coquereau, père de Michel-François Girard et aïeul de Françoise-Anne Girard, qui épousa Jean-Baptiste Voile de la Maillardière.

(4) Françoise Thoumin de Montaigu, veuve de Clément de Quelquejeu de Bonvoisin.

(5) Marie-Rose Deschamps, fille de Daniel Deschamps.

(6) Il s'agit sans doute d'un membre d'une famille de serruriers, qui habitait Mayenne au XVIIIe siècle. Jacques Chantereau, maître serrurier, époux de Jeanne Piron, eut pour fils Jean-Claude Chantereau, maître serrurier, mari de Renée Bresteau, pour petit-fils Jean Chantereau, maître serrurier, époux de Françoise Hacberge, pour arrière petit-fils Robert Chantereau, serrurier.

Gilles Bordelay, pour faire la bénédiction de la chapelle et des ornements destinés à y célébrer la messe (1).

En 1716, nous trouvons que le revenu de l'Hôpital s'élevait à 3.000ᶠ environ.

Les dépenses de la maison comprenaient à cette époque, d'après un état dressé par l'aumônier Joly, les sommes suivantes :

« Pension viagère ou nourriture de M. Le-« louable, prêtre..........................	130ᶠ »
« Pension viagère de la première gouver-« nante, outre sa vie et entretien...........	55ᶠ »
« Nourriture de S.... et entretien ; en cas de « sortie, son viage de..................	50ᶠ »
« Nourriture et entretien de la dame de Bon-« voisin (née Thoumin) ou pension viagère de.	120ᶠ »
« Nourriture de la demoiselle du Boullay et « 30ᶠ pour entretien, et, en cas de sortie, pen-« dant sa vie	160ᶠ »
« Nourriture et entretien de la dame Péan « du Chesne et 10ᶠ d'entretien ou, en cas de « sortie..........................	100ᶠ »
« Les honoraires de l'aumônier, obligé à 7 « messes en l'acquit de l'hôpital............	200ᶠ »
« Nourriture et gages de trois serviteurs, s'ils « en prennent (des gages)......	60ᶠ »
« Nourriture et entretien de trois autres, qui « n'en prennent point (c'est-à-dire qui ne tou-« chent point leurs gages)..................	45ᶠ »
« Honoraires de trois autres messes par se-« maine, de fondation, à 20ᶠ	60ᶠ »
A reporter....	980ᶠ »

(1) Le pignon de la nouvelle chapelle du Saint-Esprit était semblable à celui de la chapelle des religieuses du Calvaire, dont nous avons donné la photogravure dans nos *Souvenirs du Vieux-Mayenne.*

Report......	980# »
« Anniversaire de feu M. Choquet, prêtre « bienfaiteur..............................	6# »
« Service solennel des Censiers, bienfaiteurs.	17# 10s
« Acquit du legs de M. de Torbechet, juge « et maire..................................	16# »
« Deux services des fêtes de la Sainte-Croix « et exposition du Saint-Sacrement, à 5#	10# »
« Gages du chirurgien et la rente de « 6# 5 sols à la fabrique de Saint-Martin.....	45# »
« La confrairie du Saint-Sacrement, en « l'acquit des Boudros, à Mayenne.........	0# 10s
« M. de la Grandière, pour un lit après sa « mort et un viage pendant sa vie...........	100# »
« Fourniture et achat de drogues, sucreries « et compositions...........................	350# »
Total......................	1.525# »

« *Sans compter* la nourriture et l'entretien de toutes « les personnes ci-dessus au nombre de 12.

« Il y avait 38 lits pour les malades, plus celui de « la demoiselle Scholastique Thoumin, pensionnaire « paralytique, celui de la demoiselle Deschamps, l'une « des gouvernantes volontaires avec sa pension, et celui « du sieur de Laudrière, faisant en tout 53 lits.

« Il faut encore déduire du revenu de 3.000# (1), la « nourriture et paiement des ouvriers externes, cou- « vreurs, maçons, serruriers, jardiniers, charpentiers, « la lessive, les matériaux, le clou, l'ardoise, la latte, le « bardeau, la tuile, la brique, la chaux, les cendres pour « la buée, la chandelle, l'huile d'olive, l'huile de noix « pour les lampes, les cierges, le sel, le vinaigre, le « poivre, les provisions de beurre frais et salé, les œufs, « le lard, le vin, le cidre, les viandes de boucherie et

(1) La banqueroute de Law fit éprouver à l'Hôpital une perte de 1179#.

« volailles, le bois, le charbon et autres provisions de « bouche et de cuisine et de tout ce qui est nécessaire, « tant en grains qu'autres, pour un hôtel-Dieu bien soi« gné et réglé, sans parler des lingeries et ornements « de l'autel et autres, pour les lits et changement des « malades et leur entretien ».

On éprouve toujours une certaine surprise de voir un établissement, comme notre Hôtel-Dieu, faire face à des charges aussi nombreuses avec si peu de ressources; toutefois il ne faut pas oublier que le prix des objets nécessaires à la vie était encore peu élevé. En 1682, l'Hôpital avait pu acheter « deux busses de vin » pour 46^{ᵗ}. Vers la même époque, un enfant abandonné, dont il payait la pension, ne lui coûta, durant quatre années, que 96^{ᵗ} 10^{s}.

Les étrangers, et surtout les soldats malades laissés par les troupes de passage, que l'Hôtel-Dieu de Mayenne accueillait avec bienveillance, faisaient une large brèche dans son budget. Il n'en est pas question dans le compte ci-dessus, mais Joly disait ailleurs : « Le Bas-Maine est « comme un carrefour entre la Touraine, l'Anjou, le « Poitou, la Bretagne et la Normandie, par où passent « incessamment les troupes d'une de ces provinces en « l'autre, même pour l'Angleterre, et les hommes y sont « reçus étant malades ».

L'Hôtel-Dieu n'eût pu vivre sans de nombreux bienfaiteurs. Ils ne lui manquèrent pas. On peut en citer quelques-uns.

La métairie de la Girardière, située paroisse d'Alexain, qu'on trouvera plus loin parmi les biens de l'Hôpital, lui avait été léguée par Julien Le Censier, marchand, demeurant à Saint-Vénérand, de Laval, par testament devant Louis Marchais, notaire en cette ville, du 16 juin 1668 (1).

(1) La Girardière relevait, pour partie, à foi et hommage de la seigneurie de la Feuillée, en Alexain.

René de Gasnes, sieur du Cérisier, substitut du procureur du roi en l'élection de Mayenne, disposa, par testament passé devant Mathieu Beugler, notaire à Mayenne, le 4 mai 1677, d'une rente de 37^{f} « à distri- « buer, savoir : moitié au Bureau de Charité de Mayenne « et moitié à des pauvres honteux, à la discrétion de « son exécuteur testamentaire, Robert Tripier de la « Fresnaye »[1]. Le testateur ajoutait « que, dans le cas « où le Bureau de Charité, (qui fonctionnait irréguliè- « rement), viendrait à discontinuer, le total de la rente « serait entièrement distribué à des pauvres honteux, « toujours à la discrétion dudit sieur de la Fresnaye ou « de ses ayants-cause ».

Le Bureau de Charité cessa momentanément d'exister en 1695, et l'exécuteur testamentaire fut mis dans la nécessité d'employer lui-même la rente entière de 37^{f} en faveur de pauvres de son choix.

Quelques années après, de la Fresnaye, craignant d'être surpris par la mort et, du reste, « voulant finir et « établir la jouissance et l'usage de ladite rente de 37^{f}, « d'une manière solide et durable, au profit des pauvres, « et trouvant une grande difficulté à distinguer les hon- « teux, usant d'un droit que lui donnait le testament

(1) Robert Tripier de la Fresnaye, procureur du roi en l'Election de Mayenne, président au Grenier à sel de Mayenne, subdélégué de l'Intendance, né en 1642, du mariage de Robert Tripier et de Marie Bachelot, était petit-fils de Pierre Tripier, sieur de Montaigu et de Françoise Lefebvre ; — frère de : 1° Marie T..., épouse d'Antoine Galland, marchand de vins en gros ; 2° Marie T..., mariée à Adrien Jendry ; 3° Julien T..., sieur de Laubrières, mari de Gervaisine Cailler ; — neveu de : 1° René Tripier de la Lande ; 2° Renée Tripier, épouse Lecomte ; 3° Madeleine Tripier, mariée à Pierre Le Bouvier de Véloché ; — oncle de Julien Tripier de la Grange, qui épousa Anne Cazet. Il eut deux enfants de son mariage avec Françoise Brault : 1° Robert-François T..., époux de Gabrielle Saget ; 2° Françoise-Roberde T..., mariée à Charles-Armand Billard de Lorière.

Robert Tripier de la F..., avait pour armoiries : « d'azur à un chevron « d'or, accompagné de trois pieds humains d'argent, et un chef d'or, « chargé de trois étoiles de gueules ».

« d'en disposer à sa discrétion, se départit de la faculté « qui lui en était acquise et accordée par ledit testa- « ment, donna à l'Hôpital et Hôtel-Dieu de la ville de « Mayenne, en septembre 1701, ladite rente de 37# à per- « pétuité, tant fonds qu'arrérages, et ce qui s'en trouvait « de dû alors, pour la nourriture et entretien des pau- « vres d'icelui » [1]...

René Labitte, juge général à Mayenne, constitua au profit de l'Hôtel-Dieu une rente perpétuelle de 200#, vers 1680.

François Godde de la Faburais légua par testament devant Leroy, notaire, une somme de 2.000#, et sa fille donna, en 1694, pareille somme pour que le nombre des lits pût être porté de 20 à 22 [2].

Par leur testament devant Michel Davoynes, notaire à Mayenne, du 22 juillet 1694, René Viau, sieur du Mesnil, bourgeois, et Françoise Rivault de Fleurance, sa femme, léguèrent 4.000#, « pour panser et médica- « menter et assister les pauvres malades et affligés de « plaies, des paroisses de Contest, Châtillon, Saint- « Denis-de-Gastines, Vautorte et Vaiges » [3].

Par contrat devant Houel, notaire, du 5 mai 1705, François Ricœur du Basmont [4] avait fondé un lit pour

(1) Acte devant Pierre Mesnage, notaire royal à Mayenne, du 30 septembre 1701.

(2) V. délibération du bureau de l'Hôtel-Dieu du 12 Juin 1694.

(3) Marie Rivault, sœur de François Rivault, avait épousé Mathieu Douard, avocat au siége présidial de Château-Gontier.

Désirée Viau, sœur de René V. eut de son union avec Jacques Guestre de Courteille, un fils, René G., qui fut maître des Eaux et Forêts du duché de Mayenne. René et Désirée V. avaient pour père et mère René Viau, sieur de la Fontaine et Marie Corbin ; pour aïeux René V. et Perrine Gastin ; pour oncle Pascal V., sieur de la Cotellière, mari de Renée Menard et père de Marie Viau, femme de Philippe Cheval des Jonchères.

(4) François Ricœur du Basmont (en Moulay), fils de Germain Ricœur et

les pauvres de Moulay, donné ses maisons de la Cour du Pressoir, à Mayenne, plus une rente de 50ᶠ. Ce bienfaiteur mourut à la fin de 1746 ou au commencement de 1747. Rene Ricœur, son frère, et son héritier pour moitié, attaqua cette donation. Etant venu lui-même à mourir, ses représentants continuèrent le procès et firent annuler la libér. lité par arrêt du Parlement de Paris, du 14 février 1753. Plus tard, pour calmer leur conscience troublée, ils se désistèrent de l'arrêt par eux obtenu, moyennant le paiement d'une somme de 3.500ᶠ (1).

Un legs de 300 louis d'or est fait par Jean Viel de Torbéchet, juge général à Mayenne, aux termes de son testament devant René Esnault, notaire royal en cette ville, du 13 Juillet 1706, à la charge de faire célébrer une messe pour le repos de son âme et de celle de Vincente de l'Espronnière, sa femme (2).

Suivant contrat devant le même notaire Esnault, du 13 Juillet 1707, Françoise Thoumin veuve de Clément de Quelquejeu, sieur de Bonvoisin (3), juge général civil et

de Renée Lefebvre de Loyère, avait pour frères et sœur René Ricœur, François Ricœur, curé de Saint-Loup-du-Gast, et Renée Ricœur, épouse de du Fretlay, lieutenant général de police à Séez.

(1) Acte devant Radou, notaire royal à Mayenne, du 6 novembre 1753.

(2) Jean Viel, sieur de Torbéchet, (en Saint-Georges-Buttavent), — père de Marguerite-Vincente V., décédée le 13 juin 1718, et de Renée V., épouse de Charles Gilles des Noës, seigneur de la Feuillée, — aïeul de : 1° Jean-Baptiste des Noës de la Feuillée qui, de son mariage avec Marie-Marguerite de Cordouan, eut trois filles, Marie des N., épouse de Gilles-Marie des Noës ; Vincente des N., mariée à Joseph-François-de-Paule de Préaulx ; Charlotte-Suzanne des N., épouse de Paul-Louis duc de Beauvilliers, pair de France, grand d'Espagne, comte de Buzençais, etc. ; 2° Vincente des N., mariée à Alexis-Alexandre-Jacques Lemayre de Courtemanche, dont elle eut Alexis-Jean-Baptiste L. et Charlotte-Geneviève L., épouse de Pierre-Ange-Joseph Le Gonidec ; 3° Charlotte-Suzanne des N., mariée à René-Joseph de Boisgelin.

(3) Françoise Thoumin, fille de Mathurin Thoumin, sieur de Montaigu, docteur en médecine, et de Françoise Tanquerel, était sœur de Mathurin Thoumin et de Renée-Marguerite Thoumin, épouse de François Gasté de la Blottière, avocat ; — nièce de Jean Thoumin, docteur en médecine, et de Patrice Thoumin, sieur de la Varie.

criminel du marquisat de Lassay, que nous allons bientôt rencontrer, au cours de cette étude historique, donne 1.600ᶠ à la condition notamment de mettre dans la chapelle de l'Hôpital « un tableau de la Transfiguration de Notre Seigneur ».

Julien Mesnage, par son testament devant Lanté, notaire, du 9 août 1725, fait une fondation de deux lits pour ses parents pauvres.

Par contrat devant Patrice Houet [1], notaire royal à Saint-Martin de Mayenne, du 22 juin 1729, Joseph de Chapedelaine fonde, moyennant 3.000ᶠ, un lit pour les pauvres de la paroisse de Brecé. Il donne en plus, aux termes de son testament devant Pierre Gorret, notaire à Mayenne, du 26 février 1732, « le tiers de ses propres et « tous ses effets mobiliers de quelque nature qu'ils soient ». Ses héritiers, Marie de Chapedelaine, veuve de François d'Estanger et Suzanne de Chapedelaine épouse de Julien du Bailleul, seigneur d'Orcisse [2], exécutèrent fidèlement ces dispositions.

Marie-Rose Deschamps, que nous avons trouvée au nombre des signataires du procès-verbal de la visite de l'Hôtel-Dieu, faite par le curé de Notre-Dame, le 9 juin 1712, devint supérieure de cette maison et légua, aux termes de son testament devant Patrice Houet, du 7 janvier 1740, « la somme de 6.000ᶠ, une fois payée, à la charge de « nourrir et entretenir quatre petits pauvres orphelins, « successivement depuis environ l'âge de quatre ans jus- « qu'à l'âge de quatorze ans, et les filles jusqu'à ce qu'el-

(1) Patrice Houet, mari de Renée Pavy, notaire de 1721 à 1753, était frère de Marguerite Houet, épouse de Jacques Lolivrel, notaire, et de Marie Houet, mariée à Jean-Baptiste Jamelin, bourgeois. Du mariage Houet-Pavy il y eut quatre enfants : Jacques-René ; Marie, Renée et Marguerite Houet.

(2) Orcisse, paroisse de Larchamp. Du Bailleul tenait la seigneurerie d'Orcisse, tant en fiefs qu'en domaine, à foi et hommage lige, du duc de Mayenne, par la châtellenie de Pontmain.

« les fussent en âge de gagner leur vie ; desquels quatre « orphelins ou orphelines successivement, Monsieur « Deschamps (1) et madame de Montpinçon de Lougé (2), « frère et sœur de la testatrice, leurs enfants et descen- « dants en ligne directe auraient la nomination et la pré- « sentation de deux, c'est-à-dire chacun un et messieurs « les administrateurs de l'Hôtel-Dieu des deux autres ».

Le 6 janvier 1740, c'est-à-dire la veille du jour de la réception de ce testament par Patrice Houet, ce notaire avait dressé un acte par lequel Marie-Rose Deschamps donnait déjà une somme de 10.000^{tt}. Elle imposait comme condition le service de petites rentes viagères et accordait « à Charles-Daniel Deschamps, son « frère, à ses enfants et descendants en ligne directe la « présentation de deux lits pour des malades ».

Par contrat devant le même notaire Houet, du 15 mars 1740, Anne-Renée-Octavie Chabrun faisait donation de 2.000^{tt}, pour la construction de salles d'incurables. Elle réservait pour elle, puis pour Jean-François Chabrun, son frère, prêtre, principal du collège de Mayenne, et Marie-Françoise Chabrun, sa sœur, veuve de Guillaume Cheux de la Savinière (3), la désignation d'un incurable pauvre.

Renée Duval de la Gripassière (4), donna par acte

(1) Charles-Daniel Deschamps, président trésorier de France au bureau des finances et chambre des domaines de la Généralité de Paris, eut, de son mariage avec Anne-Désirée de Bouessel, une fille également prénommée « Marie-Rose ».

(2) Jacques de Montpinçon, seigneur de Lougé, avait épousé Anne-Renée Deschamps.

(3) Les frères et sœurs Chabrun étaient nés du mariage de Jean Chabrun de la Carlière et de Renée Gournay. Guillaume Cheux de la Savinière avait eu de son union avec Marie-Françoise Chabrun, un fils, Michel Cheux de la Savinière, notaire royal (V. *Souvenirs du Vieux-Mayenne*, p. 157, note 1).

(4) Il y a peut-être identité de personne entre cette Renée Duval et Renée-Agathe Duval de la Gripassière, qui légua 200^{tt} « pour être employées en toile « à l'usage de l'hôpital », par son testament devant Pierre Bourdon, notaire royal à Mayenne, du 19 octobre 1795.

devant Lecottier[1], notaire à Mayenne, du 6 octobre 1753, 2.000^{tt}, en chargeant l'Hôtel-Dieu d'employer le revenu de cette somme à l'achat d'une busse de vin qui serait employée, « par surcroit, pour les besoins des « pauvres malades ».

En 1755, Françoise Salin fit don de 2.000^{tt} à la condition que l'Hôtel-Dieu prendrait l'engagement de recevoir, au nombre des malades, un de ses plus proches parents jusqu'au quatrième degré inclusivement.

A la même époque (1755), Renaudin, curé de Martigné, lui laissa 100^{tt} de rente perpétuelle à la charge de recevoir et nourrir un pauvre de sa paroisse, suivant testament devant Chauvière, notaire à Martigné.

La paroisse de Saint-Georges-Buttavent a droit à un lit pour un malade, non « attaqué de maladie incurable. » Pour cette fondation, il avait été reçu, en 1760, une somme de 2.400^{tt} de Renée Legros, veuve de Charles-Daniel Beaugars, en son vivant greffier en chef de l'élection de Mayenne.

Ces fondations de lits pour des pauvres des environs n'étaient pas rares, cependant les curés de la campagne gémissaient souvent sur le sort de leurs paroissiens malades et presqu'abandonnés. Ils envoyaient à l'Hôpital de pieuses filles pour apprendre à les soigner et payaient les frais de leur pension à l'établissement. En 1686, Louise Foucoin, de Châtillon-sur-Colmont, et Marie Deschamps, d'Oisseau, y font un stage de quelques mois.

D'autres bienfaiteurs ont pitié des pauvres étrangers. C'est ainsi que Marie-Louise Lechat fonde un lit pour eux, en 1762, moyennant 2.500^{tt}.

Urbain Dubois de la Basmaignée, écuyer, greffier en

(1) Jean-René Lecottier était fils de Jean-René Lecottier et de Marie Grosse.

chef au bureau des finances d'Alençon, et Jeanne-Angélique Carré, sa femme, donnent 2.500₶, en 1762, pour la fondation d'un lit, qui servira à un pauvre choisi par eux et leurs descendants.

Françoise-Thérèse de Montécler, veuve de Pierre-Gilbert-Anne du Bailleul et ses filles, Françoise-Marie du Bailleul, dame de Gorron, et Anne-Victoire-Félicité du Bailleul de Lucé, qui demeuraient à Mayenne, fondent par contrat devant Pierre Leray, notaire en cette ville, du 1er avril 1768, un lit pour un malade pauvre de Contest, de Gorron ou d'Hercé, qu'elles se réservent de choisir durant leur vie. Elles donnent 3.000₶ à cet effet, puis, trouvant n'avoir pas été assez généreuses, y ajoutent 300₶, quelques années après [1].

Le 13 novembre 1772, René Treton [2], seigneur de Loré et d'Oisseau, fait don de 4.000₶ pour la fondation d'un lit qui serait occupé par un pauvre des paroisses de Notre-Dame de Mayenne ou d'Oisseau. Ce pauvre devait être choisi par le donateur et ses successeurs. L'Hôtel-Dieu accepte, « mais à la condition de pouvoir « rembourser la somme toutefois et quantes ».

Joseph-François Dupont-Grandjardin, juge général criminel du duché de Mayenne, s'oblige, le 3 juillet 1778, à payer 100₶ de pension pour un aveugle pauvre.

En 1787, l'abbé Michel-Joseph Thoumin des Vauxponts meuble une salle de l'hôpital et y entretient des malades indigents.

(1) Françoise-Marie du Bailleul donna à l'Hôtel-Dieu, le 11 messidor an XII, (30 juin 1804), 100₶ « pour joindre à la fondation du 1er avril 1768 ».

(2) René Treton de Loré était fils de Jacques Treton de Fiefgirard et de Marie-Anne Treton de Baladé, frère de : 1° Pierre-Michel Treton ; 2° François Treton de Vaujuas, mari de Marguerite-Elisabeth Le Frère de Maisons ; 3° Marie-Anne Treton, épouse de Joseph Le Mercerel de Chasteloger ; 4° Françoise-Jacquine Treton, épouse de Jacques-François Le Frère de Maisons.

Par son testament du 22 juin 1778, Marguerite Chevalier de Beauchesne donne aux pauvres le revenu, pendant vingt-cinq ans, d'une maison située à Mayenne (1).

Au nombre des bienfaiteurs de l'Hôtel-Dieu, on pourrait ajouter plusieurs de ses pensionnaires, qui y apportaient leur mobilier et disposaient parfois en sa faveur d'une partie de leur avoir. Une clause particulière des baux à nourriture, contractés par eux souvent à vie, leur permettait de se retirer de la maison, s'ils s'y déplaisaient, et lorsqu'un pensionnaire avait abandonné ses biens en toute propriété, on lui servait une rente viagère correspondant au capital perdu.

Le lien qui retenait à l'Hôtel-Dieu les gouvernantes n'était que moral. Elles pouvaient, comme les pensionnaires, quitter la maison à leur gré.

Lorsque Louise Péan fut accueillie à l'Hôpital, en 1695, il fut rédigé un contrat dont nous extrayons les passages qui suivent : « Ladite dame, écrivait le notaire, « — voulant à l'exemple de sa bonne cousine, dame « Marie Guyot, donner aux pauvres qui seront admis « tous les soins charitables, qu'elle est en état de « donner sans être à charge à la maison, de laquelle au « contraire elle désire d'augmenter les biens et revenus « autant qu'il lui sera possible, et, considérant d'ailleurs « le pitoyable état où la dame Françoise Le Moulnier, « sa mère, se trouve aujourd'hui réduite, étant tombée

(1) Nous avons raconté dans les *Souvenirs du Vieux-Mayenne*, les chagrins d'amour de Marguerite Chevalier. Elle y faisait allusion dans son testament lorsqu'elle écrivait : « On donnera 20 ₶ (par an), aux pauvres de la petite Bazoge-« Montpinçon. Les fermiers de Beauchesne ou anciens fermiers, surtout les « Vazeux ou leurs enfants seront préférés ; ils auront la moitié tous seuls. Si « le Vazeux ou ses enfants ont besoin, on leur donnera la moitié, quand « même ils sortiraient de la paroisse. Je veux qu'on donne 200 ₶, à M Mar-« guerite, curé de Saint-Aubin-sur-Iton, proche Laigle. S'il mourait avant « moi, on ne donnerait que la moitié à sa sœur, madame Dameron : je leur « dois beaucoup de reconnaissance ; ils ont bien voulu me cautionner dans « le temps que toute ma famille a refusé de le faire... ».

« en paralysie et du tout hors d'état de se soulager, — « donne à l'Hôtel-Dieu 1.200#.

Il était convenu :

1° Que la mère et la fille seraient « nourries et entre- « tenues dans la maison avec dame Marie Guyot et « dame Renée Dubourg et dans la même qualité, pendant « leur vie ».

2° Que la donatrice « assisterait, traiterait, nettoierait « et reblanchirait, aux dépens de l'Hôtel-Dieu, les pau- « vres qui y seraient admis, suivant l'usage, tout ainsi « qu'avaient fait et faisaient encore les dames Guyot et « Dubourg ».

3° « Que si ladite dame Louise Péan se trouvait obli- « gée de se retirer, par suite d'incompatibilité d'humeur « avec les personnes admises à l'Hôtel-Dieu, celui-ci lui « servirait, pendant sa vie et la vie de sa mère et jusqu'au « décès de la survivante, l'intérêt des 1.200# ».

La dame Péan devait, après la mort de sa mère et tant qu'elle resterait à l'Hôpital, recevoir 10# par an, « pour « les employer à ses menues nécessités » (1).

L'Hôtel-Dieu eut, pendant quelque temps, pour gouvernantes, en réalité comme pensionnaires, trois intrigantes dont nous avons à raconter les entreprises.

Le 16 août 1696, Marie Rouzière, veuve de Jean Gougeon et ses deux filles Marie et Michelle Gougeon fondèrent, à Mayenne, un hôpital pour y recevoir des orphelins.

Les biens par elles donnés comprenaient :

1° Les closeries de l'Ermitage et de Mégerault, situées paroisse d'Aron.

2° Le lieu de la Chauvière, sis même paroisse.

3° La closerie de la Houdinière, paroisse de Grazay.

(1) Voir contrat passé devant René Gallouin, notaire royal à Mayenne, du 1er juillet 1695.

4° Diverses pièces de terre, sises également dans cette paroisse.

5° Seize portions de rente s'élevant à 121# 3s 3d.

6° Le mobilier des donatrices, qui fut inventorié par René Davoynes, notaire royal à Mayenne, le 2 septembre 1697.

7° Et les animaux du cheptel des closeries.

Le mobilier et le fonds du cheptel furent estimés 1812#.

On évaluait à environ 400# le revenu des immeubles.

Le nouvel établissement devait porter le nom de « Maison de la Providence ».

Cette fondation paraissait devoir réussir et fut décrétée, le 18 septembre 1697, mais lorsqu'on connut mieux les dames Gougeon, elles rencontrèrent une opposition qui amena la ruine de leurs projets.

Toutes les trois étaient des créatures d'Anjubault, le principal du collège de Mayenne, janséniste militant dont elles avaient suivi les inspirations dans la circonstance. Il leur fit même des libéralités pour cette œuvre et témoignait encore dans son testament du désir de la voir prospérer. Un clerc tonsuré du nom de Rocher, son fils spirituel, à qui on réservait le titre d'aumônier de la Providence, et plusieurs ecclésiastiques de ses amis soutenaient les fondatrices.

Par ailleurs, on veillait à empêcher l'extension de ce nouveau foyer d'hérésie et le roi à qui l'on avait demandé des lettres-patentes d'autorisation les refusa. « Sa Majesté, écrivait-on alors, étant informée de la « vanité de ce projet d'établissement, qui ne peut subsis- « ter, n'y ayant pas de fonds mais à suffire pour les ali- « mences des dames Gougeon, lesquelles n'ont convoité, « avec leur conseiller ordinaire, (Rocher), cet établis- « sement, que pour suppléer à leur peu de revenu et pour « satisfaire en même temps leur gloire, a rejeté ce beau « projet et les lettres-patentes demandées ».

Avant cette entreprise d'orphelinat, « les Gougeonnes », comme on les appelait irrespectueusement, avaient déjà essayé sans succès d'organiser un hôpital général.

Leur doctrine était suspecte et leur fortune médiocre, grevée de dettes probablement.

Quelque temps après, elles demandèrent leur entrée à l'Hôtel-Dieu comme gouvernantes. René de Bazogers, alors procureur de la maison, les éconduisit.

Cet échec ne les rebuta pas. Nicolas de la Motte ayant été nommé procureur, elles réitérèrent près de lui leur demande d'admission qu'appuyèrent plusieurs prêtres habitués de Saint-Martin. Rocher, dans l'espoir de se créer une situation à la Providence, se faisait remarquer par son zèle en leur faveur; leur entrée à l'Hôtel-Dieu lui donnerait peut être les moyens d'en devenir un jour l'aumônier. Il répétait qu'obligées d'abandonner la pieuse fondation qu'elles avaient projetée, ces dames désiraient du moins se consacrer au service des pauvres malades et leur donner les biens qu'elles possédaient. Elles ne demandaient pas de faveurs spéciales et accepteraient de vivre dans les conditions des autres gouvernantes. De la Motte consulta quelques-uns des administrateurs de l'hôpital et tous furent d'accord pour écarter les solliciteuses; la mère était infirme, l'une de ses filles presque toujours souffrante et l'autre avait une santé très délicate. Du reste, les biens qui leur restaient ne pouvaient suffire pour leur entretien; c'eût été imposer une charge à la maison en les acceptant.

Ce nouvel insuccès ne désespéra pas les dames Gougeon qui, à force d'opiniâtreté, de démarches près des administrateurs, d'insistances et d'importunités, finirent par obtenir leur admission. Par traité signé devant Esnault, notaire, du 18 février 1699, elles furent reçues comme gouvernantes et une rente viagère de 50# devait être versée, (on ne sait pourquoi), à Rocher qui, il est vrai, perdait en elles des bienfaitrices. Dans le cas où elles se retireraient de l'Hôtel-Dieu, il leur serait servi une rente viagère de 240[#]. De leur côté elles abandonnaient leurs immeubles, leurs rentes et leurs meubles, sous réserve cependant de disposer de ces derniers par testament.

Cet arrangement ne pouvait être avantageux pour l'Hôpital, et l'on se demande comment il put y consentir. Il ne tarda pas du reste à le regretter.

Les dames Gougeon entrèrent en charge et d'abord tout parut leur plaire.

Afin de leur être agréable, on prit même en pension, pour 5[#] par mois, l'ancienne servante qu'elles avaient congédiée.

Elles se louèrent d'abord des attentions et des complaisances dont elles étaient l'objet. « Mais toutes ces « complaisances et honnêtetés, écrivait ce procureur, ne « purent fixer l'inconstance et la légèreté naturelle à « leur sexe et encore plus à elles qu'à toutes autres « femmes. Leur retraite à l'Hôtel-Dieu ne flattait pas « assez leur gloire et leur vanité, parce qu'elles n'y « trouvaient pas les choses en l'état qu'elles s'étaient « promises... Leur dessein, (en entrant à l'Hôpital), « ne procédait pas d'une ferveur de zèle et de charité « pour les pauvres malades ; au contraire, il y avait « tout lieu de croire que la réussite de leurs projets de « fondation étant désespérée, elles avaient cru ne pou- « voir pas mieux s'en consoler qu'en vivant à l'Hôtel- « Dieu. Si elles n'y trouvaient pas le glorieux titre de « fondatrices, elles se flattaient de le conduire. Elles y « rencontraient, il est vrai, deux compagnes, gouver- « nantes des pauvres malades, mais par l'union de la « mère avec les filles, elles se pouvaient promettre de « profiter de la simplicité de ces dames pour s'emparer « du gouvernement de la maison, y établir leur do-

« mination et y introduire Rocher, qui y continuerait « près d'elles ses bons services, tant pour le spirituel « que pour le temporel ».

Les espérances des dames Gougeon furent déçues. Elles reconnurent que les dames Guyot et du Chesne, les deux gouvernantes de l'Hôtel-Dieu, n'avaient pas la naïveté qu'elles leur supposaient. Celles-ci, tout en faisant la vie douce aux nouvelles venues, se montraient très-attachées au réglement en usage et peu accessibles aux suggestions. Une expérience de quelques semaines suffit à la mère et aux deux filles pour leur faire comprendre qu'il n'y avait rien à espérer et qu'il convenait de battre en retraite. Le cas devenait difficile pour elles. La dame Gougeon allégua que l'air vicié qu'on respirait à l'Hôtel-Dieu la faisait souffrir. Ce faux-fuyant ne trompa personne et l'on se contenta de la rassurer sur l'état de sa santé. Ce n'était point ce qu'elle désirait.

Ne trouvant pas le moyen d'avoir la haute main sur l'Hôtel-Dieu, elle et ses filles voulaient en sortir à tout prix. Elles prirent le parti de se montrer désagréables. Les dames Guyot et du Chesne leur proposaient-elles quelqu'office près des malades ? Elles répondaient qu'on les traitait comme des servantes. On finit par ne rien leur demander pour leur ôter tout prétexte de mécontentement.

Le bruit courut qu'elles fonderaient un orphelinat de jeunes filles seulement, pour lequel il faudrait moins de revenu, ce qui faciliterait l'obtention de lettres-patentes de création.

Enfin ces trois gouvernantes sans vocation sortirent de l'Hôtel-Dieu, en prétextant le mauvais état de la santé de la dame Gougeon : elles y étaient restées deux mois et quelques jours.

Il restait une question grave à traiter. Quels étaient

les droits de la famille Gougeon contre l'hôpital ? De se faire servir la rente convenue, semblait-il.

Les dames Gougeon, après certaines hésitations, en jugèrent autrement et poursuivirent l'annulation du contrat auquel elles avaient consenti. Elles réussirent même à obtenir des lettres de rescision, mais le procureur de l'Hôtel-Dieu s'opposa à leur entérinement.

Les trois plaideuses, grâce à leurs intrigues et aux influences dont elles disposaient, réussirent ensuite à faire mettre en suspicion les magistrats de la Barre ducale de Mayenne, en sorte que la Cour renvoya les parties devant le Sénéchal de la Flèche. Un des moyens des consorts Gougeon, et il était sérieux, consistait à articuler que le procureur de l'Hôtel-Dieu n'avait pas eu qualité pour traiter avec elles, parce que cet établissement ne pouvait justifier de lettres-patentes de création. Il n'en fallait pas davantage pour rendre douteuse l'issue du procès et l'Hôpital préféra, avec raison, se débarrasser de cette affaire litigieuse. Le contrat, signé par son procureur et par les dames Gougeon, le 18 février 1699, fut, sur l'avis de la généralité des habitants du 26 octobre 1700, résilié devant le notaire Esnault le 7 novembre suivant.

Cet acquiescement nécessaire démontra l'intérêt qu'il y avait pour l'Hôpital à se pourvoir de lettres-patentes ; aussi s'était-on empressé de les solliciter, comme nous l'avons vu plus haut.

Cauvin dit à tort, dans ses *Recherches sur les établissements de charité du diocèse du Mans*, que l'hôpital des orphelins, appelé « la Providence », fondé par les dames Gougeon, subsista jusqu'à la Révolution. Nous venons de voir qu'il n'en fut rien.

L'administration centrale du Département réclama à Mayenne, le 11 brumaire an V, (1er novembre 1796), un état des immeubles de l'Hôtel-Dieu qui avaient été aliénés par la Nation, et des biens de l'Hôpital de la

Providence, dont le nom figurait encore au Pouillé du diocèse du Mans. La municipalité de la ville écrivit à ce sujet aux administrateurs de l'Hôtel-Dieu : « Vous « verrez dans la lettre ci-jointe que le Département « demande des états séparés pour les établissements de « secours connus sous le nom de Providence ; nous ne « nous rappelons pas qu'il y en ait eu à Mayenne sous ce « nom, mais il y en avait qui le méritaient.... »

CHAPITRE III

LES COMPTES DE L'HOTEL-DIEU ; RÉGLEMENT DU DUC DE MAZARIN. — LES PROCUREURS DE L'ÉTABLISSEMENT. — ADMINISTRATION DES GOUVERNANTES ; NOMS DE QUELQUES-UNES D'ENTR'ELLES. — DROITS DES CURÉS DE NOTRE-DAME DE MAYENNE SUR L'HOPITAL.

Armand-Charles de la Porte, duc de Mazarin et de Mayenne, que son zèle souvent intempestif et exagéré poussait d'ordinaire à une réglementation à outrance, s'occupa avec quelque raison d'obtenir plus de régularité dans l'administration des biens de l'Hôtel-Dieu. Plusieurs comptables avaient négligé leurs écritures, égaré des titres, retardé l'apurement de leur gestion. Il résolut de remédier à cet état fâcheux et rédigea lui-même un règlement le 10 décembre 1671. Nous n'en avons qu'un extrait qui parait avoir été fait par un des procureurs de l'Hôpital.

« Réglement que Nous, duc de Mazarin et de Mayenne, « voulons être observé, par provision, en la reddition des « comptes de l'hôpital de la Ville de Mayenne, en atten- « dant qu'il ait été par nous pourvu avec plus grande « connaissance.

« Les comptes se rendront par devant notre juge de la « ville de Mayenne [1], et en son absence notre lieutenant « général, et de notre procureur ducal, pour y faire les « réquisitions nécessaires.

« M. le curé (de Notre-Dame) y sera aussi appelé et

(1) Il s'agissait du Juge civil de la Barre ducale.

« invité et y aura la première séance et la première voix,
« tant comme curé qu'en qualité d'aumônier dudit
« Hôpital.

« Notre dit juge et lieutenant général, en son absence,
« présideront en la séance, prendront les voix et pronon-
« ceront à la pluralité.

« L'on y appelera aussi deux échevins et deux bour-
« geois ; les échevins nommés par la Chambre de Ville,
« les bourgeois par l'assemblée de la Communauté des
« habitants.

« L'on recherchera ceux qui ont eu l'administration
« dudit Hôpital depuis trente ans, pour les obliger à
« rendre compte des fruits et revenus, leurs veuves et
« héritiers, et de rapporter tous les titres, acquêts et
« actes concernant les droits dudit Hôpital et justifica-
« tion de leurs dépenses, dont sera fait inventaire, pour
« être mis dans le trésor, à la confirmation desdits droits
« et poursuites faites à l'encontre d'eux pour le paie-
« ment des debets.

« Sera fait procès-verbal dudit Hôpital et lieux en
« dépendant, et seront les deniers des reliquats de
« compte employés aux réparations, meubles, ustensi-
« les et besoins des pauvres, dont sera dressé un projet
« qui nous sera envoyé, pour, sur icelui, être ordonné ce
« qui sera par nous jugé à propos.

« Seront aussi recherchés avec soin et inventoriés les
« titres de la fondation dudit hôpital, concession, dons
« et bienfaits, amortissements et tous autres titres plus
« importants, tant pour la conservation du bien d'ice-
« lui que pour le soulagement et avantage des pauvres.

« L'intitulation sera faite ainsi :

[Compte que rend par devant vous, Monsieur le Juge de Mayenne et messieurs..., commis par monseigneur le duc de Mazarin, duc de Mayenne, en présence de monsieur le curé et aumônier audit hôpital, N..., receveur et procureur, des fruits et revenus pendant l'année présente 16.., qu'il en a eu la jouissance....

Fait et arrêté le dixième décembre mil six cent...]

L'extrait de ce règlement est suivi des mentions suivantes :

« Et est signé, en l'original étant en cinq pages de « papier, en un petit cahier, tout écrit de sa main, [c'est-« à-dire de la main du duc de Mazarin], avec un petit « trait lacé en manière de paraphe.

« Et à la sixième page est ce qui suit : Sera pris garde, « dans le finito du compt du receveur sortant de « charge, que l'extrait d'icelui, ensemble le reliquat et « les baux et actes nécessaires pour le recouvrement de « la recette soient mis entre les mains du receveur qui « s'en chargera, et que le double de tous les comptes « soit mis en un même registre, pour demeurer dans le « trésor et y avoir recours au besoin ».

L'administration de l'Hôpital se régla ensuite sur la Déclaration du roi du 12 décembre 1698.

Les receveurs-procureurs de l'Hôtel-Dieu de Mayenne purent être négligents à rendre compte, mais ces atermoiements de leur part ne cachaient point de dilapidations. Ils étaient probes et dévoués.

Le bourgeois de Mayenne, si désireux d'habitude de se soustraire à la charge de procureur de la fabrique de l'église, occupait volontiers cet office à l'Hôpital. On n'en voyait guère décliner cette mission pourtant gratuite et souvent pénible. La bonne gestion du bien des pauvres, et, par là même, le soulagement d'un plus grand nombre d'indigents était problablement pour les Mayennais leur œuvre préférée de charité.

Les noms de la plupart de ces hommes désintéressés ont pu être recueillis :

Jean Perrier, notaire, procureur de l'Hôtel-Dieu, 1559 à 1561 (1).

Jean des Aulnois, avocat, 1561 à 1570.

Jean Cheux, marchand, 1573 à 1575.

Pierre Séneschal, avocat, 1575 à 1585 (2).

Pierre Gaudin, sieur du Bois-Huchet, contrôleur au Grenier à sel de Mayenne, 1585 à 1589.

René Lefebvre, sieur de Cheverus, 1589 à 1593.

Jean-Baptiste Blanchet, 1598.

Jean Gorret, 1615 à 1616.

Jean Labitte, 1616 à 1624.

René Choquet, sieur de la Besnardière, avocat, 1624 à 1626.

Claude Blanchet, sieur de la Chartrie, lieutenant au Grenier à sel de Mayenne, 1626 à 1634.

Jean Gaudin, sieur de Loginière, 1634.

Jacques Dorbes, 1634 à 1637.

René Lair, sieur de la Brunelière, 1637 à 1642.

Jean Perronnet, 1642 à 1645.

François Perrier, procureur général du duché de Mayenne, 1645 à 1656.

René des Aulnois, juge de Bourgnouvel, élu en l'élection de Mayenne, 1656 à 1665.

Pierre Edard, sieur de la Chicaudière, ancien président au Grenier à sel de Mayenne, 1665 à 1669.

Pierre Julhier, sieur des Fosses, 1669 à 1675.

Patrice Thoumin, sieur de la Varie, (en Parigné), 1675 à 1679.

René Pouyvet, sieur des Blinières, président de l'Election, 1679 à 1682.

(1) Jean Perrier, mari de Jeanne de Landisson.

(2) Pierre Séneschal, fils de Pierre Séneschal et de Jacquine Lestoré, avait pour frères et sœurs : 1° Daniel Séneschal, sieur de la Bordelaie ; 2° Brice Séneschal, marchand apothicaire, mari de Marie Vasse ; 3° Pierre Séneschal, décédé sans prostérité ; 4° Marie Séneschal, décédée sans enfants ; 5° Anne Séneschal, épouse de François Razeau, sieur de la Juguerie.

Guillaume Fourmond, procureur de l'Election, 1682 à 1685[1].

René Martin, sieur du Hautmont, 1685 à 1687.

Pierre Collin, sieur de la Houllerie, 1687 à 1690.

Pierre Bourgeois, procureur en la Maréchaussée de Mayenne, 1690 à 1693.

René George[2], sieur de la Milardière, 1693 à 1696.

René de Bazogers, sieur de Grazay, conseiller-assesseur à la Barre ducale, 1696 à 1699.

Nicolas de la Motte, sieur de Beauvais, élu en l'Election de Mayenne, 1699 à 1702.

Guillaume Cheux, sieur de la Savinière, 1702 à 1709.

Jean Morice, sieur de la Besnerie, 1709 à 1711.

Jean-Baptiste Lemoine de Juigny, contrôleur au Grenier à sel, 1711 à 1714[3].

Jean Carré, sieur de la Foucaudière, vérificateur général au Grenier à sel, 1714 à 1717.

Michel Lair de la Motte, 1717[4].

René Oger, sieur de Lablé, 1720 à 1723.

N... Bresteau, 1723.

François Leudière, sieur de Montanger, marchand, 1724 à 1727[5].

(1) Guillaume Fourmond, mari de Renée Bouvier, père d'André Fourmond, commissaire aux saisies réelles du duché de Mayenne, qui épousa, en 1700, Renée des Touchettes, fille de François des Touchettes, sieur de l'Espinay et de Renée Barré.

(2) René George, sieur de la Milardière, fils de René George, avocat.

(3) Jean-Baptiste Lemoine de Juigny, fils de René Lemoine de Juigny, lieutenant général au siége royal de Laval, et de Marie Gigault, — frère de Jean Lemoine, curé de Soulgé-le-Bruant et de François Lemoine, chanoine de l'église collégiale de Saint-Thugal de Laval. Jean-Baptiste Lemoine avait épousé en 1701, Marie-Gabrielle Thébaudin, fille de Jean Thébaudin et de Marie Juhier.

(4) Michel Lair de la Motte, marchand cirier, fils de Jean Lair de la Motte et de Marie Bignon, petit-fils de René Lair de la Brunelière, épousa en premières noces Marie Foulard et en deuxième mariage Louise Barbeu du Bourg.

(5) François Leudière, fils de François Leudière et de Françoise Pioger, frère de : 1° Marie Leudière, épouse de Simon Gournay, sieur de Fougerolles ; 2° et de Perrine Leudière, mariée à René Morin, sieur de la Pilardière.

Mathurin Gautier, sieur de la Grouas, marchand, 1727 à 1730.

Joseph de Chapedelaine, 1730 (du 9 octobre au 22 novembre).

François Heslot, marchand cirier, 1730 à 1733.

Michel Delacour, docteur en médecine, 1733 à 1736.

Etienne Salin, avocat, 1736 à 1739.

Louis Végeais, sieur de la Moricière, marchand, 1739 à 1742 (1).

Augustin Foret, sieur de la Mézière, 1742 à 1745 (2).

François Duhail, marchand, 1745 à 1748 (3).

Richard Bourgeois, 1748 à 1751.

Julien Chevalier, notaire, 1751 à 1754 (4).

Sébastien Seigneur, fabricant de toiles, 1754 à 1757.

Michel Salles de la Cour, bourgeois, 1757 à 1761.

Pierre-Paul Boullevraye, avocat, 1761 à 1763 (5).

Benoît Rousseau, sieur de la Vienne, avocat, 1763 à 1764.

François Girard, bourgeois, 1767 à 1769.

Jean-Baptiste Radou des Chauvellières, 1769 à 1772 (6).

(1) Louis Végeais, fils de Jean Végeais et de Marie Aubert, frère de Jean et de François Végeais, de Renée Végeais, épouse de Pierre Bazin et de Marie Végeais, mariée à Jean Dubois.

(2) Augustin Foret, notaire royal, mari de Marie-Madeleine Bougler, frère de Marie Foret, épouse de René Margerie, docteur en médecine.

(3) Il s'agit sans doute de François Duhail, mari de Françoise Boissière, qui eut deux enfants : 1° Ambroise Duhail, époux de Jeanne Herblin ; 2° Et François Duhail, marié à Françoise Barbotte.

(4) Julien Chevalier, mari de Jeanne Bignon, père de : 1° Julien-Jacques Chevalier, sous-préfet de Mayenne, époux de Marguerite-Renée Burgat ; 2° Et de César-Elisabeth Chevalier, sieur de Malibert, avocat.

(5) Pierre-Paul Boullevraye, époux de Marie Gesbert, avait pour frères et sœurs : 1° Michel Boullevraye, curé de Saint-Fraimbault-de-Prières ; 2° Emmanuel-Alexandre Boullevraye, docteur en médecine ; 3° Marie Boullevraye, épouse de Bernard Lefaucheux ; 4° Geneviève Boullevraye. Du mariage Boullevraye-Gesbert, il y eut deux enfants : Pierre-Paul Boullevraye, mari de Marguerite Lasnier-Villoiseau et Marie-Perrine-Renée Boullevraye, épouse de Louis-Augustin Auray.

(6) Jean-Baptiste Radou des Chauvellières, mari de Renée-Françoise Esnault, fille de René Esnault, notaire royal.

Jacques Goyet-Godardière, 1772.
Joseph Prieul, 1792.
Joseph Le Jarriel, 1799.

Nous avons vu qu'au commencement du XVIIIe siècle l'Hôtel-Dieu avait trente-huit lits pour les malades ; aussi son administration intérieure était-elle devenue une charge importante, souvent difficile. Si zélées que fussent les gouvernantes, elles ne pouvaient avoir l'esprit de suite, la continuité dans le sacrifice, enfin l'abnégation et le dévouement que réclamaient leurs fonctions et qu'on trouva plus tard dans les religieuses, femmes de vocation éprouvée, qui ont le culte de leurs constitutions et y voient un enseignement divin. Les administrateurs de l'Hôpital regrettaient cette situation, sans pouvoir y remédier efficacement, et les gouvernantes elles-mêmes se sentaient impuissantes à mieux faire. Elles se jalousaient, caquetaient trop, médisaient un peu et écoutaient beaucoup les bruits du dehors.

En 1754, Catherine Dubois, première gouvernante, janséniste d'esprit étroit, qui était au service des malades depuis près d'un demi-siècle, occupait un poste envié par ses compagnes et dans lequel elle s'attardait trop à leur gré. Quoique sa conduite et son honnêteté éprouvées fussent à l'abri de toute critique, les autres gouvernantes lui persuadèrent que le bruit courait qu'elle était une cause de scandale dans la maison et même en ville. La pauvre fille s'en émut fort et, comme elle était naïve, elle adressa sa démission à Le Frère de Maisons, juge civil à la Barre ducale, qui était président de la commission de l'Hôtel-Dieu. « ... Je me dépose, lui écrivait-elle, « des soins de votre maison ; je ne suis plus capable de « gérer le droit de supériorité ; mes forces et ma mé- « moire sont bien affaiblies, mon âge de soixante-huit « ans se fait assez connaitre ; j'en ai passé quarante-

« un au service des pauvres; je vous supplie de faire « attention à ma faiblesse et de me laisser mourir en « repos; j'attends cette grâce de vous... »

La résignation chrétienne avait été la première pensée de Catherine Dubois, mais à peine cette lettre fût-elle envoyée qu'elle la regretta et chercha à garder son poste. Elle écrivit de nouveau : « Un mécontentement « qui m'avait poussée au découragement me portait « à quitter ma place de supérieure. Beaucoup de « personnes m'ont blâmée de jeter le manche après la « cognée et m'ont représenté que n'étant pas infirme et « pouvant travailler comme auparavant, je ne devais « point abandonner le combat. Elles m'ont exhortée à la « patience et à faire encore usage de mes forces. Je cède « à leurs raisons, et j'ai l'honneur de vous déclarer que « je veux persévérer dans le bien... »

Bouessay, curé de Notre-Dame, janséniste de marque, n'avait pas été étranger à ce revirement et eût désiré garder à l'Hôtel-Dieu cette âme bien pensante. Il n'y réussit pas. Deux jours après l'envoi de son épitre, Catherine Dubois déclarait derechef qu'elle ne pouvait conserver sa charge de directrice.

Ces changements décelaient chez la première gouvernante une versatilité regrettable et laissaient présumer qu'elle s'était bien jugée en disant que ses facultés ne lui permettaient pas de continuer utilement ses soins à l'hôpital.

Quelques jours après, le bureau de l'Administration de l'Hôtel-Dieu se réunissait et tous ses membres, moins un, déclaraient qu'il convenait d'accepter la démission proposée. La voix dissidente était celle du curé Bouessay. En signant la délibération il écrivit au-dessous de son nom qu'il contestait la compétence du bureau. Cette mention ayant été considérée comme injurieuse par ses collègues, ceux-ci protestèrent avec indignation contre les allégations du curé. Les signataires étaient : Lefrère de Maisons; Barbeu D.; Barbeu; Tanquerel; Thoumin; Delalande; Esnault et Richard.

Bouessay avait trop à cœur de garder son influence à l'Hôpital pour abandonner l'affaire. A son instigation Catherine Dubois, agissant en vertu d'une ordonnance de Bouessay, lieutenant général à la Barre ducale de Mayenne, frère du curé, fit signifier au Bureau par Jean Métairie, huissier royal à Mayenne, le 21 mars 1754, que le bruit courait que sa démission avait été « comme « forcée et faite pour prévenir une destitution hon- « teuse et infamante, par l'imputation qu'on lui faisait « d'une mauvaise gestion, de soustraction d'effets, de « dissipation de vin dont elle faisait elle-même excès « jusqu'à se mettre hors d'état de remplir ses fonc- « tions.... »

Les administrateurs ne s'émurent pas de cette opiniâtreté; la place de première gouvernante était amovible et ils pouvaient en disposer à leur gré. Du reste, mieux conseillée, Catherine Dubois se présenta, trois jours après, le 24 mars 1754, devant les membres du Bureau et leur déclara qu'elle se départait de l'ordonnance par elle obtenue, et qu'elle consentait à l'élection d'une première gouvernante pour lui succéder.

Ils eurent pitié d'elle et, « en reconnaissance de ses « services passés et de sa bonne administration, la priè- « rent de rester dans la maison, comme elle y était fon- « dée, et d'aider de ses conseils celle qui lui succéde- « rait ». En somme la pauvre fille avait été d'abord victime de la malice de ses compagnes et ensuite du zèle janséniste du curé de Notre-Dame.

Françoise Chabrun, de Saint-Denis-de-Gastines, fut élue première gouvernante ou supérieure de l'Hôtel-Dieu le jour même de la déclaration de Catherine Dubois, c'est-à-dire le 24 mars 1754.

L'Administration de l'Hôpital profita de ce changement de directrice pour faire une réforme qui laisse bien voir que la retraite de Catherine Dubois était une mesure urgente. Très-charitable et très-complaisante, elle ne savait guère refuser un service et poussait l'obligeance jusqu'à confier nombre de clés de l'entrée de l'établissement à des personnes de la ville. On y venait se faire soigner, « vouiller[1] la lessive, laver du « linge à son abord de la rivière ».

Le Bureau arrêta le 3 août 1755 :

« Que les gardes de toutes les serrures des portes « seraient changées.

« Qu'aucune personne étrangère ne pourrait être « introduite dans la maison.

« Que si des malades avaient recours à quelques-unes « des dames pour être traités, ils le seraient, les hom- « mes dans les salles des hommes et les femmes dans « celles des femmes, sans pouvoir sous ce prétexte être « admis dans l'intérieur de la maison.

« Que la supérieure et les dames veilleraient à ce que « personne n'entrât dans la maison, soit pour laver ou « pour puiser de l'eau.

« Que la supérieure ne prêterait aucuns effets ou meu- « bles.

« Que la supérieure était requise de garder les clefs « d'entrée dans sa chambre, tous les soirs, sans les com- « muniquer à personne ».

Nous ne pouvons donner les noms que de quelques-unes des gouvernantes laïques de l'hôpital :

Anne Le Gaigneux, 1670.
Renée Frandebœuf, 1683.
Marie Guyot, 1690.
Renée Barbé, 1690.

(1) Voyer c'est-à-dire couler.

Renée Dubourg, 1695.
Louise Péan du Chesne, 1695.
Marie-Rose Deschamps, 1740.
Françoise Gallouin, 1741.
Rose Dubois, 1742.
Françoise Chabrun, 1754.
Catherine Dubois, 1754.
Renée-Françoise Voile, 1767 (1).
Renée Lefaux, 1768.
N... Cordelay-Sillardière, aînée, 1770.
Françoise Cordelay-Sillardière, jeune, 1770.
Madeleine Potier de Boivesin.

Les dames de l'Hôpital du Saint-Esprit se recrutaient dans la bonne société du pays et nous y voyons entrer, en 1712, Françoise Thoumin de Montaigu, veuve de Clément de Quelquejeu de Bonvoisin, dont le mari avait été juge civil et criminel du marquisat de Lassay. Après la mort de celui-ci, elle vint habiter chez sa mère Françoise Tanquerel, veuve elle-même de Mathurin Thoumin, sieur de Montaigu qui occupait à Saint-Martin de Mayenne une grande maison avec jardin et dépendances, située entre la rue de Boyère et la rivière et dont un des côtés longeait une ruelle la séparant de l'Hôpital. C'était une des habitations les plus vastes de Mayenne.

La piété de Françoise de Bonvoisin la portait de vieille date à se retirer au Saint-Esprit, et sa famille secondant ses désirs lui abandonna intentionnellement la libre disposition de la maison dont nous venons de parler. Celle-ci devait être fort utile à l'Hôtel-Dieu qui faute de place ne pouvait recevoir qu'un nombre limité de ma-

(1) Renée-Françoise Voile était fille du premier mariage de René Voile, notaire royal, avec Françoise Renoul. Son père épousa, en secondes noces, Marie Roche dont il eut Mathurin Voile du Bourg, notaire royal ; Pierre-François Voile, prêtre ; François Voile des Haies, mari de Louise Lesayeux, et Louise-Marie Voile.

lades. Par acte devant Esnault et René Davoynes, notaires royaux à Mayenne, Françoise Thoumin de Montaigu donna à sa fille cette maison avec l'agrément de son autre fille et de son gendre. Marguerite Thoumin de Montaigu, sœur de Françoise avait épousé François Gasté, sieur de la Blottière, avocat au parlement, près le siège de la Barre ducale de Mayenne.

Françoise de Bonvoisin entra à l'Hôpital en qualité de gouvernante. Son habitation qu'elle lui donna fut rattachée à l'établissement, et, pour faciliter le service, on la relia à celui-ci par une galerie, qui permettait de franchir la ruelle à l'abri des intempéries. Toutefois ses issues furent conservées sur la rue de Boyère. La supérieure put ainsi facilement se retirer avec une partie du personnel de l'Hôpital dans la maison annexée, afin de laisser, pour les besoins des malades, les pièces qu'habitaient précédemment les gouvernantes et les domestiques.

Une question se présentait. La maison donnée devait-elle rester de la paroisse de Saint-Martin ou allait-elle devenir une dépendance de Notre-Dame ?

Pour expliquer comment l'Hôpital du Saint-Esprit se trouvait être de Notre-Dame, quoique sur la rive gauche de la Mayenne et encastré dans la paroisse de Saint-Martin, il suffit, semble-t-il, de se rappeler que le seigneur de Mayenne avait son château sur la première de ces paroisses et qu'il dût l'y attacher.

Lors de la translation au château (1120) par Juhel II, baron de Mayenne, des moines de Marmoutier qui étaient à Saint-Martin, et de la création qu'il y fit du prieuré de Saint-Etienne[1] aux dépens d'une partie de la paroisse de Notre-Dame, il n'y comprit pas la Maison-

(1) Le prieuré Saint-Etienne avait pour armoiries : « d'argent à un moine « en pied habillé de sable, le visage et le front de carnation ».

Dieu du Saint-Esprit. Plus tard le prieuré de Saint-Etienne ayant été supprimé, son territoire revint à Saint-Martin dont les religieux étaient demeurés curés-primitifs, mais l'hôpital resta toujours à Notre-Dame (1).

(1) L'enclave que Saint-Martin possédait sur la rive droite de la rivière comprenait le château et ses dépendances immédiates, les Grands et les Petits moulins de Mayenne.

Les Grands-Moulins, qu'on aperçoit en partie dans la phototypie placée en tête de cette notice, étaient au nombre de quatre : On les nommait : le Grand Boyère, le Petit Boyère, le Moulin-Neuf et le Petit Moulin. Chacun avait deux paires de meules. (Voir montrée ou état de lieux devant Charbonnel, notaire à Mayenne, du 22 avril 1791). C'est à tort que nous avons placé les Grands-Moulins sur la paroisse de Notre-Dame dans notre ouvrage : « *L'Abbaye de* « *Fontaine-Daniel* » page 328. Les autres moulins étaient le Petit-Moulin du Château ou Petit Baudais et le Moulin de Baudais.

En 1725, François Compain, bourgeois de Paris, « fermier général de tous « les anciens et nouveaux domaines du duché de Mayenne, sous-louait à « René Richard, maître boulanger, et à Marguerite Marseul, sa femme, le « moulin du Viel-Château en la paroisse Saint-Martin de Mayenne », c'est-à-dire le Petit-moulin du Château. (Bail devant Patrice Houel, notaire royal à Mayenne, du 11 mai 1725).

On voit figurer dans le Rôle de l'impôt du sel de la paroisse de Saint-Martin, pour 1788 :

« Jean Loison, maçon, demeurant dans le Château.

« René Pichard, meunier, (mari de Jeanne Quéruel), demeurant aux « Grands-Moulins ».

Une assemblée des habitants de Notre-Dame de Mayenne eut lieu à l'Hôtel-de-Ville, le 9 décembre 1787, pour la confection des Rôles des Tailles et du sel, et les notaires de Mayenne Esnault et de la Bécannière, rédigèrent procès-verbal de leurs délibérations. Deux habitants, Pierre Delécluse, sabotier, (époux de Marie Chaumezy) et François Malzy, (mari de Françoise Lemaréchal), dont les maisons se trouvaient près de l'étang du Château, sous les murs de celui-ci, demandèrent à être déchargés de l'impôt du sel en la paroisse de Notre-Dame, parce qu'ils figuraient déjà sur le Rôle de la paroisse de Saint-Martin.

L'affaire ayant été examinée dans cette assemblée du 9 Décembre 1787, il fut déclaré : « que les maisons Delécluse et Malzy n'étaient point dans l'inté- « rieur du terrain qui était anciennement nommé le Préau ou Cour du « Château, qu'au contraire ces maisons étaient à l'extérieur et qu'elles étaient « si bien de la paroisse Notre-Dame, qu'un enfant Malzy, né dans une de « ces maisons, avait été baptisé à l'église paroissiale de Notre-Dame et « enterré dans la même paroisse sans réclamation, ni opposition de la part « du curé de Saint-Martin. » On ajoutait, à l'appui de ces faits de possession, les explications suivantes : « Les maisons de M. Dutaillis, construites

Le curé de Saint-Martin, qui était en exercice en 1712, avait paru se désintéresser des conséquences que pouvait avoir la distraction de la maison Bonvoisin au profit de l'Hôtel-Dieu, et celui de Notre-Dame s'était considéré investi de plein droit, sur l'annexe des pouvoirs qu'il exerçait sur l'établissement principal. Du reste, personne n'avait réclamé. Il existait donc un précédent, qui paraissait justifier cette prise de possession. Déjà, vers 1680, une autre maison contiguë à la chapelle du Saint-Esprit et aux anciens bâtiments de l'Hôpital avait été

« il y a plus de trente ans, également à l'extérieur du Château, ont toujours « été de cette paroisse (Notre-Dame); ceux qui les ont exploitées ont toujours « payé leurs impôts en cette paroisse, sans aucune réclamation de la part « des habitants de Saint-Martin. Il en est de même d'autres maisons cons- « truites longtemps avant celles de M. Dutaillis, telles que le Pavillon-Ducal, « les maisons des cavaliers de Maréchaussée et les autres qui sont dans la « même rangée. De plus, le Grenier à sel, qui est dans la même position, est « cependant bien reconnu pour être de cette paroisse, puisqu'il paie les « vingtièmes aux préposés de Notre-Dame. L'emplacement de la maison « occupée par ledit Malzy, appartenait ci-devant à M. Carré, curé de « Vieuvy; il en payait les vingtièmes au préposé de Notre-Dame de « Mayenne ».

Enfin l'impôt du sel fut maintenu par les habitants de Notre-Dame sur les personnes qui occupaient les maisons Delécluse et Malzy.

Cette décision pouvait être justifiée par la possession de la paroisse de Notre-Dame, mais on ne peut douter des droits de Saint-Martin, s'ils eussent été examinés. Que comprenait le Château? L'enclos formé par ses murailles, mais aussi certainement ses fossés qui en étaient partie intégrante, et précisément l'étang du Château ou du Petit-Boudais, qui lui servait de fossés du côté de la ville. Quant au Grenier à sel, à la maison du Taillis et aux autres maisons en bordure de la place de l'Union, actuellement place Juhel, elles étaient posées aussi partie sur les fossés et partie sur les murailles. Il est vrai que toutes ces habitations avaient leur vue et leur entrée en dehors de l'enclos du Château, et c'est pour cela sans doute que les rédacteurs du procès-verbal de l'assemblée des habitants pouvaient écrire : « Les deux « maisons (Delécluse et Malzy) ne sont point dans l'intérieur du terrain qui « était anciennement nommé le Préau ou Cour du Château. » Ce fait avancé isolément était exact, mais on se gardait d'ajouter que le sol sur lequel reposaient ces maisons était une dépendance du Château.

Quelques renseignements sur la position de la maison du Taillis et du Pavillon-Ducal, ont été donnés dans *Le Préau du Château de Mayenne*, page 108 et suivantes.

enlevée à Saint-Martin sans protestation de ses curés.

En 1735, François-René Barbeu du Bourg, curé de Saint-Martin, essaya de ressaisir les ouailles qui lui échappaient. Il fit sommer les gouvernantes et les domestiques qui habitaient la maison Bonvoisin d'avoir à faire leurs pâques en son église. Daniel Bouessay, curé de Notre-Dame, répondit de son côté par une mise en demeure de Simon Marcilly, huissier royal à Saint-Baudelle, du 1er avril de la même année, signifiée à Catherine Dubois, l'une des gouvernantes, « tant pour elle que « pour chacune des autres et les domestiques de l'Hôtel-« Dieu, de continuer, comme elles avaient fait ci-devant « et depuis longtemps, de satisfaire à leur devoir pascal « et solenniser la quinzaine de Pâques en l'église parois-« siale de Notre-Dame de Mayenne et y rendre, en toutes « occasions nécessaires, les autres devoirs de parois-« siens, nonobstant toutes sommations contraires... « attendu, disait l'huissier, que ledit curé de Notre-Dame « est en possession ancienne et raisonnable d'avoir la « direction spirituelle tant des pauvres malades dudit « Hôtel-Dieu que de toutes les personnes qui y demeu-« rent, à laquelle direction elles ne peuvent, suivant les « règles de la conscience et de l'église, se soustraire « d'elles-mêmes, ni leur curé les abandonner sans « injustice, leur déclarant au surplus que si elles refusent « de satisfaire à cette présente sommation, elles man-« queront en cette partie à l'obéissance due à l'église et « qu'il (le curé) sera obligé de se pourvoir contre elles « par les voies de droit pour les ramener au bon « ordre » (1).

Une grande perplexité régna à l'Hôpital dont les habitants ne savaient à qui obéir. La plupart firent leurs pâques à Notre-Dame, d'autres se rendirent d'abord à

(1) Exploit contrôlé à Mayenne, le 2 avril 1735.

Notre-Dame, puis à Saint-Martin pour satisfaire les deux curés. La supérieure écrivit à l'évêque qui lui répondit de se conformer provisoirement aux anciens usages et de continuer d'aller à l'église de la paroisse à laquelle elle et ses compagnes avaient l'habitude de se rendre.

Ce provisoire ne satisfit pas le curé de Saint-Martin et le conflit prit, quelques mois après, des proportions inattendues.

Françoise de Bonvoisin mourut le 9 novembre 1735, dans la maison qu'elle avait annexée à l'Hôpital. Elle était alors supérieure et devait être inhumée, conformément au désir qu'elle en avait exprimé, dans le cimetière Saint-Antoine, paroisse de Notre-Dame.

Barbeu du Bourg, curé de Saint-Martin, saisit cette occasion pour affirmer ses droits et résolut de faire la sépulture, parce que la défunte était morte sur sa paroisse.

Le lendemain du décès, 10 septembre, vers neuf heures du matin, il se présenta à l'entrée de l'annexe de l'Hôpital, accompagné de son clergé, « en habits « sacerdotaux et ornements, la croix levée, après les « glats et regrets [1], suivant l'usage et coutume de la « paroisse, à l'effet de faire la levée du corps de la « défunte, lequel venait d'être exposé au-devant de « la porte de l'annexe, rue de Boyère ». Dès que le cortège de l'église de Saint-Martin parut, on s'empressa de rentrer la bière. Le curé demanda à l'Hôpital les motifs qui pouvaient expliquer une pareille conduite, et on lui fit part d'une défense du juge qui, quelques instants auparavant, avait été signifiée à Marie-Rose Deschamps, la nouvelle première gouvernante, par exploit de René Mesnage, huissier royal au siège du Grenier à sel de Mayenne.

En effet, le curé de Notre-Dame, en apprenant les

(1) Regrets c'est-à-dire sonnerie des cloches.

projets de son confrère de Saint-Martin, s'était empressé de présenter une requête à de Bazogers, juge général civil et criminel du duché, qui sur la réquisition de Jean-René Tanquerel, procureur fiscal, avait immédiatement ordonné que, « pour obvier à tout murmure et « attendu la possession du suppliant », il défendait à la supérieure de l'Hôtel-Dieu de laisser enlever le corps de la défunte par le curé de Saint-Martin, sous les peines de droit. Catherine-Rose Dubois, l'une des autres gouvernantes qui assistait la supérieure, confirma à ce dernier les termes de la sommation qui venait d'être donnée. Celui-ci « protesta qu'on agissait contrairement à ses droits » et ses dires furent consignés en un procès-verbal que dressa Patrice Houet, notaire royal du faubourg Saint-Martin, dont il s'était fait accompagner.

Les dames de l'Hôpital, que ces prétentions des curés, troublent singulièrement, ne sachant quel parti prendre, demandent un répit d'une heure pour délibérer. Il leur est accordé.

Mais le délai expire sans qu'elles se soient décidées à obéir à l'un ou à l'autre, et, comme elles ne donnent pas de réponse, Barbeu-Dubourg fait avancer la bière, l'asperge, entonne le *De profundis* et commande de se mettre en marche.

Surviennent alors René Mesnage, sergent royal, Julien Duhoux, sergent du duché, et quelques autres personnes qui veulent empêcher qu'on ne sorte le corps par l'annexe et essaient de l'entrer dans l'Hôpital.

Les chants du clergé sont interrompus. Le curé interpelle les sergents et leur reproche leurs actes de violence. Ils répondent qu'ils exécutent les ordres du Juge, qui du reste est présent et fait partie des personnes venues pour assister à l'inhumation. Une assez vive explication a lieu entre le curé et de Bazogers. Le premier se plaint d'être troublé dans l'exercice de ses fonctions et finit par triompher. Les sergents n'opposant plus de résistance, le corps est transporté en l'église de Saint-Martin suivi des parents de la défunte, du Juge et de plusieurs autres officiers.

Mais comment allait s'effectuer l'inhumation au cimetière de la paroisse de Notre-Dame ?

Après les cérémonies ordinaires, François Gasté de la Blottière, beau-frère de Françoise de Bonvoisin, pria le curé de Saint-Martin de faire transporter le corps sur la limite de la paroisse où le clergé de Notre-Dame viendrait le recevoir pour procéder à l'inhumation au cimetière Saint-Antoine. Sa demande parait toute naturelle ; elle est agréée et un exprès invite le curé de Notre-Dame à venir au-devant du clergé de Saint-Martin jusqu'au milieu du pont de Mayenne.

Le cortège funèbre se met en marche et en quittant l'église, on chante l'office des morts. Arrivé sur le pont, Coulon, vicaire de Notre-Dame, s'avance seul, sans surplis ni étole, et déclare au curé de Saint-Martin que son confrère n'accepte pas de recevoir le corps et qu'il ne se déplacera point.

Barbeu-Dubourg n'hésite pas ; il franchit le pont et le cortège se rend jusqu'au « Tou (au bas de la grand'- « rue de Notre-Dame) où s'arrêtent ordinairement les « processions de la paroisse de Saint-Martin du côté de « la ville ».

On continue sur place l'office des morts et l'on espère qu'une bonne inspiration décidera le curé de Notre-Dame à paraitre. Attente vaine : aucun ecclésiastique de la paroisse ne se présente et le cercueil va rester abandonné.

Gasté de la Blottière, désolé de cette situation, prie le curé de Saint-Martin de bien vouloir ne pas laisser le corps de sa belle-sœur dans la rue et de le conduire au moins jusqu'à l'église de Notre-Dame ; il signe même une réquisition expresse à cet égard pour couvrir la responsabilité du curé.

Enfin la bière est transportée sur le parvis de l'église, puis, après un temps d'arrêt, déposée au bas de la nef.

L'affaire ne devait pas se terminer de la sorte. Gasté de la Blottière n'était point à la fin de ses soucis. Le curé de Notre-Dame refusa l'inhumation immédiate et le cercueil dut être reporté à l'Hôtel-Dieu où il alla ensuite le chercher: il voulait affirmer le droit qu'il avait de faire la levée du corps des personnes décédées dans l'Hôtel-Dieu et ses dépendances.

Un scandale aussi considérable ne pouvait être étouffé: un procès s'ensuivit. Le litige fut porté par du Bourg, au siège de la Sénéchaussée du Maine, au Mans. Une décision rendue le 3 juillet 1755, lui donna tort : « Avons « maintenu et gardé, disaient les juges, maintenons et « gardons le sieur de Bouessay dans le droit et posses- « sion de faire les fonctions curiales dans toute l'étendue « de l'Hôtel-Dieu de la ville de Mayenne et dans la « maison située rue de Boyère, donnée audit Hôtel-Dieu « par la veuve de Bonvoisin, en l'année 1712, et qui a été « réunie par une arcade ou galerie ; laquelle maison « nous avons déclaré faire partie dudit Hôtel-Dieu et « être à ce moyen de ladite paroisse de Notre-Dame de « Mayenne. Et nous avons fait et faisons défense audit « sieur Barbeu, curé de Saint-Martin, de troubler à l'ave- « nir ledit sieur curé de Notre-Dame dans l'exercice de « ses fonctions curiales, dans toute l'étendue dudit Hôtel- « Dieu circonstances et dépendances, et, pour l'avoir fait, « l'avons condamné aux dépens, ce qui sera exécuté no- « nobstant oppositions ou appellations quelconques... »

La lecture du dossier de cette intéressante affaire porte à penser que le curé de Saint-Martin avait été assez mal défendu. L'Hôtel-Dieu n'était pas soumis à la direction journalière du curé de Notre-Dame. Il avait un aumônier (en titre et perpétuel), indépendant des curés, et qui y remplissait les fonctions sacerdotales. Les gouvernantes des malades n'étaient pas des religieuses et ne formaient point une communauté proprement dite. Le curé de Saint-Martin faisait un raisonnement qui ne manquait pas de justesse. « Les Dames de l'Hôtel-Dieu, disait-il « dans ses écritures, sont reçues et congédiées par le « Bureau et sont libres de sortir quand elles veulent. Une « femme pieuse du faubourg ou de la ville peut aller « exercer sa charité sur les malades, tout en conservant « sa demeure ordinaire et restant dans la juridiction de « son curé. Si cette personne avait sa maison contiguë à « l'Hôtel-Dieu et qu'elle y eût fait une porte de commu- « nication pour sa commodité, acquerra-t-elle par là au « curé de Notre-Dame le droit de faire sa sépulture, si « elle vient à décéder? Il n'y a, ajoutait-il, que le sieur « de Bouessay, curé de Notre-Dame qui peut soutenir « l'affirmative ? »

Cependant Barbeu ne porta pas appel. Il mit même fin au débat en homme d'esprit et écrivit au curé de Notre-Dame la lettre suivante :

Monsieur et cher Confrère,

J'arrive dans ce moment d'un voyage ; j'ai été trois semaines absent. J'ai appris que nos difficultés étaient finies par une sentence qui me déboute et me condamne aux dépens. Si vous en savez le montant, je vous prie de me le faire savoir. J'irai vous les payer dans l'instant. Nous avons plaidé en chrétiens : j'espère que vous me continuerez votre amitié, j'y correspondrai toujours.

J'ai l'honneur d'être, Monsieur, votre très-humble et très-obéissant serviteur.

Barbeu du Bourg,
Curé de Saint-Martin, doyen de Javron.

Mayenne, le 9 juillet 1755.

La difficulté de Bouessay et de Barbeu finit convenablement ; il n'en fut pas toujours ainsi.

Parfois les rivalités entre les paroisses dégénéraient en rixes sanglantes. Entre Notre-Dame et Saint-Martin on n'en vint jamais à ces extrémités. Les curés et les paroissiens se contentèrent de s'adresser quelques assignations. Une fois pourtant, raconte-t-on, les processions de la Fête-Dieu des deux paroisses se rencontrèrent au Pont de Mayenne et ni l'une, ni l'autre ne voulut céder le milieu de la voie. Les porteurs de croix se heurtèrent et se crossèrent un peu, mais la mêlée ne fut point générale et l'on n'eut à déplorer que le trouble apporté à la cérémonie. Quant aux horions qu'avaient reçus les deux champions, les gens sages des deux côtés de la rivière s'accordèrent à reconnaître qu'il les avaient mérités de part et d'autre.

Les processions de Saint-Martin franchissaient le Vieux-Pont, en passant sous la porte Saint-Joseph, qui formait autrefois la tête de ce pont, du côté de Notre-Dame, et allaient, ainsi qu'il a déjà été dit, jusqu'au bas de la Grand'Rue (rue Jeanne-d'Arc), à un endroit appelé le *Tou*. A Mayenne, on donnait ce nom à l'orifice de l'égout des eaux pluviales de la ville dans lequel se jetait le ruisseau des Perrouins. En venant jusque sous le donjon de la forteresse, le clergé de Saint-Martin voulait toucher à la section de sa paroisse, comprenant le Château et ses dépendances : il faisait acte de possession (1).

(1) Nous trouvons dans un acte de la fin du XVIIIe siècle que René Richard, boulanger, et Marguerite Marseul, sa femme, acquéreurs de Marie Vilette femme Hardy, possédaient dans le fief de l'abbaye de Fontaine-Daniel, « une « maison, située à Mayenne, Grande-Rue, *près le Tou* (actuellement maison « Martel), joignant d'un bout le moulin du Petit-Château (c'est-à-dire le « moulin du Château, dit aussi du Petit-Baudais), d'un côté la maison Rabi- « neau et d'autre côté une maison occupée par Loré, serrurier : le ruisseau « sortant du moulin entre ».

On lit dans un Etat de lieux dressé par Nicolas Guimond, notaire de la

L'HÔTELLERIE DU PIGEON-BLANC
ET LA PORTE SAINT-JOSEPH

La phototypie du vieux dessin, encartée dans cette étude, nous montre à droite, au bout du pont, la porte Saint-Joseph en avant du donjon, à gauche la tour et l'hôtellerie du Pigeon-Blanc.

baronnie de Fontaine-Daniel, du 10 novembre 1731 : « Les experts ont con« cordamment remarqué que le pignon de la maison de Richard qui règne « le long du *grand noe*, qui conduit l'eau qui descend de l'étang du Petit« Château et se rend à la rivière, est bon et en bonnes matières... »

CHAPITRE IV

Réglement de 1767. — Les religieuses de la Chapelle-au-Riboul prennent la direction de l'Hotel-Dieu. — Nouveau réglement en 1772. — Difficultés entre les religieuses et les gouvernantes laïques. — La supérieure est remplacée par une laïque en 1794. — Médecins et Chirurgiens.

Les difficultés intérieures provenant de la jalousie, de la vanité et de l'indocilité des gouvernantes de l'hôpital n'avaient fait que s'accentuer.

Le bureau d'administration, espérant établir le bon ordre, fit le réglement suivant, qui porte la date du 8 décembre 1767 :

Art. 1er. — Les demoiselles reçues, et associées à l'Hôtel-Dieu de Mayenne pour y servir les pauvres par différents ouvrages, changeront de place entr'elles quand la supérieure le jugera à propos.

Art. 2. — Elles se tiendront dans les places où elles seront mises pour y remplir leurs devoirs, et si elles sont appelées à quelques autres ouvrages pour le bien de l'Hôtel-Dieu, elles s'y rendront.

Art. 3. — Elles ne sortiront point sans en donner connaissance à la supérieure, qui pourra les retenir si les affaires de la maison le demandent.

Art. 4. — Leurs ouvrages devant être au profit de l'Hôtel-Dieu, la supérieure leur fournira celui qu'elles doivent faire.

Art. 5. — Elles contribueront par leur douceur, leur travail et leur exemple à entretenir la paix et le bon ordre qui ne peuvent régner sans la subordination due à la supérieure, à la volonté de laquelle elles déféreront pour ce qui regarde le gouvernement de la maison, rien ne pouvant être décidé et ordonné qu'elle ne l'ait approuvé.

Art. 6. — Comme les malades se succèdent les uns aux autres, la supérieure veillera continuellement sur tous pour les traiter et faire traiter suivant qu'ils en auront besoin.

Art. 7. — Elles (les associées) ne permettront point aux pauvres malades d'aller dans la cuisine ni de sortir en ville, la supérieure seule devant donner ces sortes de permissions.

Art. 8. — Elles traiteront les domestiques avec douceur et charité comme gens qui leur sont nécessaires; quelques-uns des domestiques restant malades ou sortant de l'Hôtel-Dieu, elles se porteront au travail pour soulager les autres.

Art. 9. — Si les domestiques ne leur sont pas soumis et respectueux, elles s'en plaindront à la supérieure qui leur fera rendre justice.

Art. 10. — Si les demoiselles associées ont quelques sujets de plainte contre la supérieure, elles les porteront au Bureau qui en décidera.

Duquel réglement copie sera affichée dans le réfectoire dudit Hôtel-Dieu.

Fait et arrêté les jour et an que dessus.

Signé : Lefebvre de Cheverus, juge ; Songé ; Guyard ; Pattier ; Girard ; Sohier.

Ce réglement ne rétablit sans doute l'ordre que passagérement, car la demoiselle Voile, supérieure de l'Hôtel-Dieu, prit en août 1771, le parti de se retirer. Une assemblée générale des corps de ville fut réunie le 27 du même mois, pour délibérer sur son remplacement.

L'assemblée, voulant mettre fin aux ennuis que causait l'insubordination des gouvernantes laïques, arrêta « qu'il serait fait des informations vers la supérieure « générale des sœurs de la Chapelle-au-Riboul et celle « des sœurs de Saint-Lazare, pour savoir et connaître « les conditions qui seraient proposées par chacune de « ces deux sociétés et qui seraient les plus avanta« geuses ».

Des renseignements furent pris. On écrivit aux supérieures des deux communautés et le 22 octobre suivant (1771), l'assemblée générale décida, « à la pluralité des suffrages », que la supérieure de l'Hôtel-Dieu serait prise chez les Filles de la Charité de la Chapelle-au-Riboul, qu'on nommait communément les Thulardines, du nom de leur fondatrice Madame Thulard. Elles étaient quelquefois appelées « les sœurs grises », parce qu'elles portèrent, à l'origine, une robe de laine de « couleur gris sale », dit un ancien mémoire [1]. On désigna trois commissaires, Gaultier, le jeune, avocat fiscal et échevin, Quinton, le jeune, avocat, administrateur élu, et Radou des Chauvellières, receveur-administrateur, pour traiter au nom de l'Hôtel-Dieu, avec la supérieure générale des sœurs de la Chapelle-au-Riboul, aux clauses et conditions qu'ils trouveraient les plus avantageuses et les plus convenables.

La Supérieure générale avec l'autorisation de M. Fol-

(1) On appelait aussi les sœurs de la Chapelle « Filles de la charité de Sillé-le-Guillaume ». Ce titre leur avait été imposé par leur protectrice, Marie-Anne de Bourbon, dite Mademoiselle de Blois, dame de Sillé-le-Guillaume, fille légitimée de Louis XIV et de Mademoiselle de la Vallière, qui épousa Louis-Armand de Bourbon, prince de Conti ; mais comme le dit M. l'abbé Angot, l'association, devenue communauté, garda toujours la paroisse de la Chapelle-au-Riboul, comme chef-lieu. (Voir l'*Instruction populaire dans le département de la Mayenne*, par M. l'abbé Angot, p. LXVII et 60).

lope, vicaire général, supérieur des religieuses, accorda à l'Hôtel-Dieu de Mayenne deux sœurs, une supérieure et une assistante. Il fut toutefois convenu « qu'on remet-« trait à quelque temps la confection du contrat qui « devait contenir les conditions de leur ingrès dans la « maison, afin que les difficultés, qu'il pourrait rencon-« trer dans son exécution, mieux prévues tant du « Bureau de l'Hôtel-Dieu que des sœurs, par une « épreuve de quelque temps, on pût en faire un solide « et durable ».

Cette condition fut acceptée et, le 11 décembre 1771, deux religieuses de la Chapelle-au-Riboul furent installées à l'Hôpital : sœur Marie Juguin [1] pour supérieure et sœur Anne Lemoine comme assistante. Les membres du Bureau de l'Hôtel-Dieu, réunis pour l'installation présentèrent à la nouvelle supérieure « les demoiselles « ci-devant associées et leur enjoignirent de reconnaître « la sœur Juguin pour supérieure, de lui porter hon-« neur et respect et de lui prêter obéissance due à supé-« rieure pour l'administration et gouvernement de la « maison et la sœur Lemoine pour leur associée ».

Les religieuses de la Chapelle occupaient déjà, à Mayenne, l'Hôpital de la Madeleine. Dès 1730, la ville avait traité avec Madame Thulard, pour la fondation d'un établissement d'instruction, à Mayenne, et quatre sœurs s'y étaient rendues [2].

Un nouveau réglement « pour la discipline et l'admi-

(1) Marie Juguin mourut le 23 Janvier 1779. Elle était fille de Mathurin Juguin et de Perrine Girard, petite-fille : 1° Du côté paternel, de Julien Juguin et de Renée Goret de Lépinay ; 2° et du côté maternel, de Michel Girard et de Perrine Coquereau. Elle était sœur de Michel-François Juguin de la Mauguittière dont la fille, Michelle Juguin, épousa François-Mathurin Lelièvre.

Cette note nous a été communiquée par M. Gustave Lelièvre, avocat à Mayenne, à qui nous réitérons nos remerciements.

(2) Note fournie, en 1889, par sœur A. Coupris « supérieure générale des sœurs de la Charité de Notre-Dame d'Evron ».

« nistration intérieure de l'Hôtel-Dieu fut voté en l'Assem-« blée extraordinaire tenue le 15 juillet 1772 ». En voici les dispositions :

I. — RÈGLEMENT POUR LE CHAPELAIN

Le Chapelain sera tenu d'administrer les sacrements de Pénitence, de l'Eucharistie et de l'Extrême-Onction à tous les pauvres malades, et aux sœurs, demoiselles associées et domestiques de l'Hôtel-Dieu.

Il célèbrera la messe en la chapelle de l'Hôtel-Dieu, les dimanches, fêtes et jours ouvrables, à six heures en été et à sept heures en hiver, et fera, les jours de dimanche, l'eau bénite avant la célébration de la messe.

Il instruira les pauvres malades, et fera le catéchisme en forme d'instruction, tous les dimanches, en chaque salle, entre le diner et les vèpres, depuis une heure jusqu'à deux heures.

S'il se trouve dans le cas de faire des absences, soit pour ses affaires, soit par maladie, il se fera représenter et suppléer par un autre ecclésiastique approuvé.

II. — RÈGLEMENT POUR LES DAMES

La subordination étant la première règle de toute communauté et compagnie, la supérieure de l'Hôtel-Dieu et les sœurs, qui lui seront données comme adjointes, seront, quant au spirituel entièrement soumises à Monseigneur l'Evèque, et à Madame la supérieure générale de leur société.

Quant au temporel, la supérieure et les autres sœurs seront subordonnées au Bureau d'administration et direction.

La supérieure nommée par le Bureau sera reconnue par ses adjointes et par les autres demoiselles ci-devant énoncées, tant qu'elles y resteront.

Les intentions du Bureau seront communiquées direclement à la supérieure à moins qu'il ne juge quelquefois prudent de les communiquer soit à toutes assemblées, soit à quelques-unes en particulier.

Les sœurs de la société adjointes à la supérieure et les demoiselles associées lui porteront le respect dû à tout chef de maison et lui obéiront en tout ce qui concernera la régie, la police et le gouvernement de la maison.

La supérieure assignera à chacune les fonctions auxquelles elle les destinera, et toutes seront tenues de les remplir, et même d'en changer au gré de la supérieure.

Aucune des sœurs et demoiselles associées ne travailleront qu'au bénéfice de la maison, au moyen de la pension qu'on leur a accordée pour leur entretien, par la délibération du 15 décembre 1771.

Elles s'occuperont des travaux qui leur seront indiqués par la supérieure et n'en entreprendront aucun autre sans sa permission, à peine de confiscation des ouvrages ou autre plus grande peine, s'il y échet.

Des filles proposées au gouvernement de l'Hôtel-Dieu ne devant s'occuper que du service des pauvres malades, aucun homme ne sera introduit dans la maison sous prétexte de visites ou affaires à leur communiquer, sans en avoir obtenu le consentement de la supérieure qui indiquera l'endroit où la conversation se tiendra.

De même, les sœurs et demoiselles associées ne pourront recevoir de visites de femmes que dans les salles des malades et ne pourront les introduire dans l'intérieur de la maison, sans une permission expresse de la supérieure.

Les besoins des malades étant continuels et exigeant un service assidu, aucune sœur ou demoiselle associée ne pourra, sous quelque prétexte que ce puisse être, même sous celui de l'exercice de la religion, sortir de la maison, sans en avoir obtenu le congé ou permission de la supérieure, qui aura soin de substituer quelqu'une des autres pour remplir les fonctions de celle qui s'absentera.

La supérieure ne pourra donner, tout au plus que deux fois la semaine et en été seulement, la permission de sortir après souper, et ne pourra ladite permission être accordée qu'à deux sœurs ou demoiselles associées ensemble et non à une seule, si ce n'est pour causes graves qui lui seront expliquées, auxquels cas elle pourra en accorder sans tirer à conséquence, mais à condition que celles qui sortiront seront rentrées à la maison à huit heures au plus tard.

A cet effet la supérieure fermera immédiatement avant souper toutes les portes dont elle prendra les clefs.

Aucune des sœurs ou demoiselles associées ne prendra sur son compte de recevoir ou de congédier des pauvres malades ; aucun ne sortira que de l'ordre du médecin concerté avec la supérieure ou avec l'administrateur de mois.

Ne seront reçus aucuns pauvres des paroisses qui n'ont point de lits fondés, tant que celui fondé par la demoiselle Lechat pour les étrangers se trouvera rempli.

Si les sœurs ou demoiselles associées se trouvent dans le cas d'avoir des plaintes à faire contre les malades, elles les porteront à l'administrateur de mois ou à la supérieure qui y mettront ordre selon leur prudence.

Si elles en avaient à faire entre elles, elles les porteront à la supérieure qui y remédiera suivant sa prudence, et si elle ne pouvait les concilier, elles les porteront au Bureau qui y mettra ordre.

Si elles en avaient à faire contre la supérieure elle-même, elles lui en représenteront les sujets avec honnêteté, décence et respect, et si elles ne se trouvaient pas satisfaites, elles les porteront au Bureau.

De même la supérieure fera avec charité et bonté ses remontrances sur les sujets de plainte qui pourraient survenir; et en cas de récidive ou obstination elle en instruira le Bureau qui y mettra ordre.

Les demoiselles associées ne seront pas astreintes à suivre la Règle des Sœurs de Charité, mais elles suivront les ordres de la supérieure pour les prières et lectures pieuses qu'on ne doit jamais manquer de faire chaque jour à heures réglées dans la salle des malades, ainsi qu'il sera ci-après disposé.

Les demoiselles associées se lèveront comme les Sœurs de la Charité à quatre heures dans l'été et à cinq heures dans l'hiver, excepté lorsqu'elles auront veillé, et les jours de repos que la supérieure pourra leur accorder suivant sa prudence, et se coucheront aux mêmes heures, savoir : à huit heures et demie en été, et à neuf en hiver.

Aucunes ne pourront s'occuper en leurs chambres à aucuns ouvrages que ce soit, après s'être retirées pour se coucher; la supérieure veillera très-exactement à ce que cet article soit exécuté et le feu éteint.

Les prières du matin et du soir seront faites, en chacune des deux salles, en commun par les sœurs et demoiselles associées, ainsi qu'il plaira à la supérieure les distribuer en chaque salle, et récitées à haute voix par celle qui en aura reçu l'ordre de la supérieure, de manière que les pauvres malades puissent y participer.

Celle du matin sera faite à cinq heures en été et à six en hiver; celle du soir à sept en été, et à six en hiver. La supérieure veillera à ce que les domestiques y assistent.

Il sera fait, tous les matins, en chaque salle à neuf heures une lecture pieuse, et tous les soirs une pareille, à trois heures, par celle qui sera commise par la Supérieure.

Le Bénédicité et les Grâces seront dits en commun à chaque repas.

La supérieure veillera à ce que les pauvres malades soient servis les dimanches et fêtes avec la même exactitude que les jours ouvriers, et pour cet effet, elle nommera celles des sœurs et demoiselles associées qui devront assister à leur tour et rang les dimanches et fêtes au service divin à la paroisse, et en observant toutefois que pendant les services il en reste toujours une en chaque salle.

Elle aura soin de prévenir les besoins spirituels des malades et de faire avertir à temps le chapelain ou directeur pour les administrer.

Les chambres des sœurs ou demoiselles associées leur seront distribuées au gré du Bureau et de la supérieure; aucune ne trouvera mauvais qu'on les rassemble deux ou plusieurs dans une chambre.

Les domestiques ne pourront être admis, ni congédiés que du gré et consentement de la supérieure.

Comme les fonctions des administrateurs sont réparties par mois, l'administrateur de mois fera pendant son exercice, au moins deux fois la semaine, sa visite audit Hôtel-Dieu, à l'effet de veiller à y maintenir le bon ordre et l'exécution du règlement, recevoir les plaintes, si aucune se trouve, y pourvoir sur le champ selon sa prudence ou en faire son rapport au prochain Bureau pour y être par lui pourvu.

Sera le présent règlement imprimé et affiché dans le réfectoire et la salle du Bureau, et un exemplaire d'icelui remis à chacune des sœurs et des demoiselles associées pour s'y conformer.

Fait et arrêté, en l'assemblée générale de l'Hôtel-Dieu de Mayenne, les jour et an que dessus.

Signé : Lefebvre de Cheverus, juge ; Lefebvre de Cheverus, curé de Mayenne ; Carré, curé de St-Martin ; Gautier, échevin ; Guyard ; Radou ; Le Jeune, échevin ; Pattier ; Goyet ; Esnault, fils ; Lair de la Motte ; Le Plat, maire.

La supérieure générale des Filles de la Charité remplaça Marie Juguin, en 1773, par sœur Renée-Lhermite.

Lors de son installation, le 29 janvier 1773, les demoiselles associées ne s'y présentèrent pas pour rendre leurs devoirs à la nouvelle supérieure, encore bien qu'elles en eussent été d'abord invitées, puis formellement requises. Il n'y en eut qu'une, la demoiselle Cordelay-Sillardière, l'aînée, qui y vint. Les membres du Bureau se rendirent aussitôt dans la salle des femmes, où se trouvaient les récalcitrantes, les demoiselles Cordelay-Sillardière, jeune, et Madeleine Pottier de Boisvesin, « pour savoir de leur bouche, les causes de leur « désobéissance et en faire registre ». Elles les reçurent fort mal. Invitées à s'expliquer, la demoiselle de Boisvesin répondit avec aigreur et d'un air de moquerie, qu'elle et sa compagne étaient malades. Le curé Lefebvre de Cheverus, le juge Lefebvre de Cheverus, le procureur Moullin de Vaucillon et le maire Le Plat, qui composaient le Bureau, leur firent observer « que la « manière dont elles agissaient était une suite de l'in-« dépendance qui depuis longtemps avait fait la règle « de leur conduite. » Ces demoiselles se plaignirent qu'on leur manquait d'égards et qu'elles ne recevaient que des mortifications. « Pourtant, reprit de « Cheverus, si le bureau n'avait pas usé de modéra-« tion envers vous, il y a longtemps que vous ne seriez « plus à l'Hôtel-Dieu ». Cette parole anima les rebelles, qui traitèrent le magistrat d'insolent et se répandirent en récriminations, disant « qu'elles étaient bien malheu-« reuses de ne pas trouver dans le Bureau un seul homme

« qui prit leur parti ». Leur colère augmentant, elles continuèrent de déblatérer « avec indécence », contre l'administration de l'Hôtel-Dieu et cherchèrent même à exciter les malades contre les membres du Bureau.

Les administrateurs essayèrent de calmer les deux furieuses, les prirent à part pour les rappeler à de meilleurs sentiments, les invitèrent « à reconnaître la supé-« rieure qu'on leur donnait et à se soumettre au régle-« ment ». « Mais nous l'avons embrassée cette supérieure, « répliquèrent-elles ironiquement ; nous sommes prêtes « à l'embrasser encore ! » Pressées de répondre sérieusement, elles ajoutèrent, toujours sur le même ton : « Nous « ne nous soumettrons pas, il faudrait donc reconnaître « tous les six mois des supérieures ! »

L'expulsion de la demoiselle Cordelay-Sillardière, jeune, dont la conduite antérieure avait déjà fait ordonner sa sortie, fut décidée immédiatement ; celle de la demoiselle de Boisvesin arrêtée deux jours après. « A « l'égard de la demoiselle de Boisvesin, disait le procès-« verbal, le Bureau a décidé que, vu l'indocilité de cette « demoiselle, qui eut l'impudence de répondre à mon-« sieur le Président, lorsqu'il lui remit un imprimé du « réglement du 15 juillet dernier, que cette pièce allait « lui servir de confortatif à mettre sur sa poitrine, vu la « dureté avec laquelle elle exerçait ses fonctions envers « les pauvres malades et les indécences dont le procès-« verbal du 29 janvier contient la preuve, il lui sera fait « pareille sommation qu'à la demoiselle Sillardière, « jeune, de quitter et vider, de corps et sans délai cet « Hôtel-Dieu, aux offres de lui rendre sa dot ».

Renée Lhermite se retira en 1782, pour cause d'infirmités, et on mit à la tête de la maison Marie-Louise Letourneux, ancienne supérieure générale de la congrégation. Elle eut pour adjointe sœur Catherine Gruau.

La demoiselle Cordelay-Sillardière, aînée, et la demoiselle Lefaux promirent respect et obéissance à la nouvelle directrice.

La demoiselle Lefaux, devenue infirme, fut remplacée par une religieuse, Marie Poussier [1].

Sœur Letourneux vint à mourir et eut pour lui succéder sœur Marie Chanteau ou Chantereau, qui allégua en 1793, son état de santé pour quitter l'hôpital.

Le conseil général de la commune du 16 nivôse, an II, (5 janvier 1794), lui délivra ce certificat de satisfaction :

« Le Conseil général, instruit de tous les soins que la « citoyenne Chantereau s'est donnée, en qualité de supé- « rieure de l'Hôtel-Dieu pour les malades, de la bonne « administration qu'elle a toujours faite pour l'intérêt de « cette maison et qu'il n'y a que le défaut de santé qui « l'empêche de continuer ses fonctions, — après avoir « entendu l'Agent national de cette commune, — a reçu « sa démission et, comme il n'est pas possible de pour- « voir sur le champ à son remplacement, le Conseil « général de la commune a délibéré que la citoyenne « Chantereau serait invitée de continuer ses fonctions, « pendant huit jours ou plus s'il était besoin, pendant « lequel temps la Municipalité s'assurerait d'un sujet « pour la remplacer... »

Le 26 nivôse an II, (15 janvier 1794), « on nomma « comme supérieure de l'hôpital la citoyenne Desmar-

(1) Marie Poussier avait été « maitresse d'école à Placé », en 1788. Elle donna à bail conjointement avec sa compagne, Renée Bignon, la closerie du Bas-Bourg de Placé, qui appartenait à l'école, moyennant un prix de 70# en argent, par an, plus le service de six journées de travail et la fourniture de six livres de beurre net, poids de 18 onces. (V. Bail devant Jean-Baptiste Legenissel, notaire royal à Placé, du 20 avril 1788).

« res [1], laquelle pouvait choisir telle personne qu'elle « jugerait convenable pour l'aider à gouverner les ma- « lades. »

Cette directrice reçut la lettre suivante le 7 germinal, an III (27 mars 1795).

Citoyenne,

« La municipalité de Mayenne sachant apprécier le « service que tu rends à la chose publique fournira tou- « jours bon témoignage de l'ordre et de la propreté qui « règnent dans l'hospice des malades, des soins et des « bons traitements qu'ils y reçoivent, mais il y a une « autre surveillance non moins indispensable à remplir « dans ce temps-ci, que nous aimons à croire, qui n'a été « négligée que faute par toi d'en avoir été instruite : « c'est celle des Chouans et des militaires, de peur qu'ils « ne désertent. Ta responsabilité exige que tu mettes en « usage tous les moyens que la prudence et la pré- « voyance exigent. La municipalité n'en voit point de « plus sûrs que de mettre sous la clé les habille- « ments de tous ceux qui entrent dans l'hospice et de « ne les leur donner qu'en sortant de la maison. Par ce « moyen, s'ils désertent avec les robes d'hôpital, ils « seront facilement reconnus par la sentinelle qui veil- « lera jour et nuit. Si une ne suffit pas, il faut en deman- « der deux pour les divers débouchés par où ils pour- « raient s'évader. D'après ces mesures, ta responsabilité « sera à couvert, et notre surveillance à l'abri de toute « atteinte. Nous espérons que ton zèle et ton activité « t'exempteront de tout reproche ultérieur, en te confor- « mant à ce réglement de police.

Salut et fraternité » [2].

(1) Louise Juère, veuve Desmarres, sœur de Jean-Baptiste Juère, auber- giste au « Cheval-Blanc », paroisse de Notre-Dame, qui avait épousé Marie- Michelle Besnard.

(2) Le tutoiement avait été ordonné à tous les administrateurs le 8 novem-

Le 16 prairial, an II (4 juin 1794), les officiers municipaux de Mayenne, prenant en considération « l'aug-« mentation considérable de toutes marchandises », élevèrent « le traitement des citoyennes hospitalières, « en accordant à la supérieure 150^ᶠ, et à chacune des « trois autres citoyennes 100^ᶠ, ces sommes leur étant « absolument nécessaires pour satisfaire à leurs « besoins ».

L'approvisionnement de l'Hôtel-Dieu était devenu difficile à cette époque et un arrêté du District, du 24 floréal an II (13 mai 1794), prescrivit aux cultivateurs des environs de la ville d'y apporter du beurre. La municipalité enjoignit même, par arrêté du 21 fructidor, an II (7 septembre 1794), à un certain nombre de labou-

bre 1793. « Il assurait, disait-on, les bases de la parfaite égalité qui devait « régner entre des républicains, des frères... »

L'introduction de cet usage donna lieu à des scènes piquantes entre chefs et employés, maîtres et domestiques, patrons et ouvriers.

Le citoyen Maillard était alors directeur des domaines nationaux à Rouen. Il avait depuis longtemps ajouté à son nom celui de « de Trézy » et n'était guère connu que sous cette dénomination à forme nobiliaire.

A la Révolution, il redevint simplement Maillard, et quand le tutoiement fut obligatoire, il écrivit à ses receveurs : « Les bases de la Révolution fran-« çaise sont la liberté, l'égalité et la fraternité. Ses principes, puisés dans la « nature, auraient dû être toujours et seront indubitablement un jour recon-« nus et professés hautement par toute la terre. En attendant que tous les « hommes rendent témoignage à la vérité, il n'est pas un seul français qui « ne doivent s'empresser de secouer les préjugés que l'habitude lui a fait « contracter. Il en est un que l'esprit de servitude a pu seul faire naitre ; « c'est celui de parler et d'écrire à une seule personne, comme si l'on s'adres-« sait à plusieurs. Quand la destruction de cet usage ne serait pas une con-« séquence de notre révolution, il devrait s'évanouir par le seul désir de « parler et d'écrire correctement et suivant les principes de notre langue. « Ne sois pas étonné si je te tutoie ; fais-en autant vis-à-vis de moi et « abstiens-toi de formes complimenteuses, qui ne peuvent convenir à des « républicains. Ton concitoyen, Maillard. »

Le citoyen Maillard se relâcha de la rigidité de ses principes. Dès 1795, devenu chef de bureau au Domaine national du département de la Seine, il avait repris son nom de « de Trézy. »

reurs, de fournir à l'Hôtel-Dieu le beurre dont l'établissement avait besoin [1].

L'Hôtel de ville adressait, le 4 prairial (23 mai), au propriétaire de Bel-Air la lettre suivante :

Citoyen, nous t'invitons et requérons, au nom de l'humanité, de fournir chaque jour à l'hospice des malades, une pinte de lait doux, qui te sera payée de gré à gré. Ta sensibilité en faveur de tes frères souffrants te déterminera à te conformer à notre désir.

Salut et fraternité.

Dans les pages qui précèdent nous n'avons pu donner les noms que de quelques-unes des gouvernantes de l'Hôtel-Dieu.

Nous ne connaissons non plus qu'un petit nombre des médecins et chirurgiens de l'établissement :

Au XVIIe siècle : René Gasté, médecin ; René Mesnage, maître chirurgien [2].

Au XVIIIe : Séneschal ; Martin Lefaucheux [3] ; Jean-Baptiste Bigot, maître chirurgien ; de la Haute-Vaye ; François Fleury, maître chirurgien ; Thomas Lemaitre, docteur en médecine ; Barthélemy Mesnage ; Guillaume-François-Simon Levêque [4] ; Jean-René Georgel-Bretonnière [5], maître chirurgien ; Jean-Baptiste-Morice

(1) On trouvera à l'Appendice, note G, ce dernier arrêté.

(2) René Mesnage, mari de Renée Leroy, eut trois enfants : René qui fut aussi chirurgien, Renée et Catherine Mesnage.

(3) Martin Lefaucheux, fils de Jean Lefaucheux et de Françoise Blin, épousa, en 1746, Marie-Anne Girard, fille de Jacques Girard, huissier royal, et de Françoise Valleray.

(4) Guillaume-François-Simon Levêque avait épousé Jeanne-Julienne-Thérèse Godard-Beauchesne, — fille de Jean-Julien Godard-Beauchesne, apothicaire, et de Julienne Leroyer, — petite-fille de Jean Godard-Beauchesne, apothicaire, et de Marie Goussault.

(5) Jean-René Georgel-Bretonnière, mari de Marie-Julienne Richard de la Touche, fils de René Georgel-Bretonnière et de Jeanne-Françoise Charbonnier-Vannerie, avait pour frère et sœurs : 1° François-René G., marchand, époux de Marie-Anne Lelard ; 2° Jeanne G. ; 3° Et Renée G., épouse de Henri Brou, notaire.

de la Rue [1] ; André-Jean-François-Guillaume Ponthault [2] ; Pierre Oulin, docteur en médecine ; Jean-Baptiste-Constant Voile [3].

Une légère rétribution était accordée à ces praticiens. En 1742, le chirurgien Mesnage se contentait de 45# par an.

Les noms de plusieurs autres médecins trouvés dans des papiers intéressant l'Hôpital du Saint-Esprit nous porteraient à croire qu'ils donnèrent aussi leurs soins aux malades de la maison. En voici la liste :

1567. — Mathieu Laleton, docteur en médecine.

1567. — Guillaume Labitte, docteur en médecine.

1616. — Mathurin Mimbré, docteur en médecine.

1636. — Michel Mimbré, sieur de Mimbré, docteur en médecine.

1644. — François Plagué, chirurgien.

1644. — N... Fortin, médecin.

1647. — N... Rigault, docteur en médecine.

1657. — Michel Delaunay, chirurgien.

.... — Barthélemy Griffaton, sieur de la Patrière, docteur en médecine.

(1) Jean-Baptiste-Morice de la Rue, mari de Geneviève Poulain-Beauchesne, frère de Jeanne-Renée-Morice de la Rue, mariée à Jean-Claude Lair de la Motte, eut trois enfants : 1° Charles-Thomas M., mari de Félicité Balavoine-Leudière ; 2° Jean-Baptiste M., prêtre, vicaire à Moulay ; 3° Geneviève-Jeanne M., épouse de Urbain Hubert, de Laval.

(2) André-Jean-François-Guillaume Ponthault, marié à Anne-Marie-Julienne Jardin, — nièce de Anne Jardin, épouse de Henri Chapelle, qui était cousin germain de Anne-Julienne Chapelle, mariée à Charles Hernas de la Verdrie. De ce dernier mariage, il y eut deux filles, Anne-Madeleine Hernas de la Verdrie, épouse de Louis-Siméon Hédou de la Poussinière, notaire royal à Domfront, et Charlotte Hernas des Loges.

(3) Jean-Baptiste-Constant-François Voile, fils de René Voile, notaire, et de Barbe-Renée Tessier des Poiriers, — petit-fils de René Voile, notaire royal, et de Françoise Renoul ; — frère de Renée-Barbe Voile, épouse de Joseph-Guy Benoiste, et de Eléonore-Pierre Voile, mari de Elisabeth-Charlotte Raimbault ; — neveu de Renée-Françoise Voile « première gouvernante » de l'Hôtel-Dieu, et de Jean-Baptiste Voile, mari de Françoise-Anne Girard, qui était fille de Michel-François Girard et de Françoise Dubois.

1682. — Pasquot Le Masson, maitre chirurgien.

1687. — Michel Griffaton, lieutenant des chirurgiens dans l'étendue du duché de Mayenne.

1690. — Louis Sougé, sieur de la Piétonnière, docteur en médecine (1).

1693. — René Chaudron, sieur de la Barre, docteur en médecine.

1708. — Gabriel Champion, chirurgien.

1700. — René Lambert, chirurgien (2).

1739. — Etienne-Léon Lecomte, chirurgien.

1743. — Emmanuel-Alexandre Boullevraye, docteur en médecine (3).

1752. — René Cherbonnier, chirurgien (4).

1767. — Michel Palicot, docteur en médecine (5).

1780. — Mathurin-Jacques Barré, docteur en médecine.

Les médecins de Mayenne avaient pour armoiries : « d'azur à deux boites couvertes d'or, posées en fasce ».

L'écusson des chirurgiens portait : « d'azur à trois « lancettes d'or, posées 2 et 1. »

Celui des apothicaires : « de sable à un pot couvert d'argent. »

Les chirurgiens célébraient la fète de Saint-Côme et de Saint-Damien, le 27 septembre de chaque année. Au XVIIIe siècle, ils faisaient dire ce jour là, en l'église

(1) Louis Sougé, fils de N... Sougé et de Anne Rousseau ; neveu de : 1° Julien Sougé, curé du Ribay ; 2° Michel Rousseau, prêtre. Il épousa Françoise Rigault, fille d'Ambroise Rigault, sieur de la Mitonnière, avocat, et de Marie Mérienne.

(2) René Lambert avait épousé Marie Angot.

(3) Emmanuel Alexandre Boullevraye, mari de Anne-Catherine Beudin, eut trois enfants : 1° Emmanuel-Michel-René B., docteur en médecine ; 2° Victorine-Félicité B. : 3° Anne-Marie B., épouse de Michel Palicot, docteur en médecine.

(4) René Cherbonnier, — fils de François Cherbonnier et de Renée Gouaux.

(5) Michel Palicot, fils de Jean Palicot, sieur de la Touche, notaire, et de Françoise Rouland ; — mari de Marie-Anne Boullevraye ; — frère de Jean et de Guillaume Palicot, marchands à Chailland, — eut deux enfants ; Marie-Anne et Aimée Palicot.

Notre-Dame, une grand'messe solennelle, à laquelle tous assistaient. Cet office leur coûtait 10#.

Nombre d'autres communautés composées de membres d'une même profession avaient des armoiries et fêtaient aussi leurs patrons par une cérémonie religieuse.

CHAPITRE V

Meubles et immeubles de l'Hopital a l'époque de la Révolution ; vente par la nation d'une partie de ses biens. — Ses administrateurs sont déçus dans l'espoir qu'ils ont de l'en voir indemnisé.— La chapelle du Saint-Esprit rendue au culte catholique. — Esprit public après le 18 brumaire.

La Révolution trouva l'Hôpital de Mayenne très-prospère. Le mobilier qui le garnissait était confortable. Son détail, même sommaire, ne comporterait pas moins d'une quinzaine de pages d'impression. Un coup d'œil jeté sur un inventaire qui fut dressé le 1er pluviôse an II, (20 janvier 1794), « à la sortie de la citoyenne Marie « Chanteau, ci-devant supérieure de ladite maison, et à « l'entrée de la citoyenne Desmarres, qui lui succéda « dans cette place », suffira pour s'en rendre compte.

Les meubles de la chambre de la supérieure comprennent : « un lit à l'ange complet à rideaux verts, « deux couettes, un matelas, trois couvertures, deux tra- « versins et un oreiller, une table carrée avec tiroir fer- « mant à clé, deux tapis, un bahut enrichi de clous « jaunes, deux fauteuils, huit chaises, une table de nuit, « une armoire, quatre tableaux, deux images, un baro- « mètre, deux chenets, un soufflet, une bassinoire, une « petite crédence ».

Chacun des lits des malades se compose d'une paillasse, d'une couette, de deux traversins, d'un petit oreiller, d'une couverture en laine blanche et d'une autre en laine verte. Les couchettes ont une carrée, un tour de lit et des rideaux verts, garnis de grenades blanches.

De larges cheminées chauffent les salles. Au-dessus de la tête des lits est fixée l'image d'un saint. C'est ainsi que nous voyons, en 1760, un notaire rédiger un acte à l'Hôtel-Dieu, et faire suivre les nom, prénoms et profession de son client de ces mots : « ... retenu dans un lit, « à l'image Saint-François, en la salle d'entrée de « l'Hôtel-Dieu ».

Dans la chambre des femmes, nous remarquons : « un bénitier d'étain, onze tableaux, un petit autel où « se trouvait une reliquaire dit de la Nativité ».

L'établissement est alors occupé par une soixantaine de personnes.

L'apothicairerie, outre « les drogues, les boites pour les « ramasser, des mortiers, des plats, des balances... » possède quelques instruments et ustensiles à l'usage des chirurgiens : « quatre sondes d'argent, une paire de ci-« seaux courbés, une paire de pinces, une paire de pinces « courbées, quatre bistouris, deux aiguilles à sutures, un « grand crochet, un tire-fond à trois branches, une autre « avec trois couronnes, deux perforatifs, une scie, un « couteau courbé, un crochet tranchant, un trois-quarts, « un tire-balle, deux carrelets, une petite scie, un élé-« vatoire, une spatule tire-balle, deux petites limes[1] ».

On trouve à la lingerie : « huit cent soixante-treize che-« mises d'hommes et de femmes, cent huit taies d'oreiller, « trente-huit serviettes, vingt-trois nappes, neuf tabliers

(1) La pharmacie qui existait à l'Hôtel-Dieu fut abandonnée durant la Révolution. On la rétablit en 1816.

« de chirurgiens, vingt tabliers à l'usage des dames gou-
« vernantes, soixante-quatorze bonnets d'hommes, cent
« huit coiffes de femmes, six cent quatre-vingt-huit
« draps à l'usage des malades, soixante-quatorze robes
« à l'usage des hommes ou des femmes, dix-huit nappes
« de lin blanc pour mettre sur les lits des malades à la
« Fête-Dieu, cent vingt-huit draps et quatre-vingt-onze
« taies d'oreiller à l'usage des dames, trois cents livres
« de fil de coupeau, deux cents livres de fil de brin blanc,
« une pièce de grosse toile pour ensevelir les morts. »

La chapelle renferme les objets suivants : « huit chan-
« deliers de cuivre, onze cadres, treize pièces de tapisse-
« rie, un parement d'autel en jais, quatre dentelles pour
« l'autel, huit aubes à dentelles, deux aubes garnies de
« mousseline, quinze aubes unies, vingt-trois cordons,
« trois surplis, trois rochets, six nappes de communion,
« quinze nappes d'autel, cinquante amicts, douze tor-
« ches, quatre-vingt-deux tours d'étoles, quatre-vingt-
« seize purificatoires, soixante-trois lavabos, trente-trois
« corporaux, deux lustres, six chandeliers argentés, dix
« gobelets d'étain servant à mettre des fleurs, quatre
« garnitures de bouquets, quatre ornements, dont un
« rouge, un tricolore et deux blancs, quatre ornements
« ne servant que pour les grandes fêtes, une belle chappe
« rouge, un graduel romain, une lampe en cuivre, qua-
« tre pavillons de tabernacle, onze devants d'autel, dont
« un noir, un rouge à fleurs d'or, un de couleur de
« cerise, trois blancs (sur l'un une Vierge brodée), un
« autre brodé en blanc, deux autres blancs unis, un
« rouge brodé et un violet, quatre burettes et un plat
« d'étain, un christ de bronze sur bois couleur d'ébène,
« sept tapis, trois rouges, un vert, un noir, un blanc et
« un violet ».

Il y a dans la sacristie :

A l'usage du chapelain : « Cinq ornements, dont un « vert, un bleu, un violet, un rouge, un noir et trois « missels ».

Pour les prêtres étrangers : « Cinq ornements, deux « violets, un petit tricolore, un bleu, un rouge, un mis- « sel romain ».

Il n'existait plus alors d'objets en argent à l'Hôtel-Dieu. Dès le 18 octobre 1792, « l'an premier de la République », trois commissaires, de la Bécannière, notaire, Jacques Viel et Antoine-Glaphire Nonclair, orfèvre (1), délégués par le Conseil général de la commune de Mayenne, s'étaient transportés à l'Hôpital et avaient enlevé « deux calices dont l'un était en vermeil, deux burettes « et leur plateau ovale, un ciboire, une custode, un so- « leil, un encensoir, sa navette et sa cuillère, une lampe, « une tasse et un couvert, le tout en argent ». Ces objets dégarnis par Nonclair du fer, du cuivre et du mastic introduits dans leur monture, pesaient net douze marcs sept onces sept gros.

Sœur Marie Chanteau, supérieure de l'Hôpital, avait exposé aux commissaires : « que ces objets apparte- « naient aux pauvres, que la maison avait peu de reve- « nus, que les pauvres manquaient même de subsis- « tance, que la valeur de cette argenterie la prolonge- « rait, si on lui laissait liberté d'en disposer ». Ces considérations firent surseoir à l'enlèvement immédiat, mais il eut lieu peu de temps après.

L'orfèvre Antoine-Glaphire Nonclair, qui était aussi juge de paix de la section des sans-culottes (section de Notre-Dame), dressa le 7 germinal an II (27 mars 1794) un inventaire du mobilier de la chapelle, « en assis-

(1) Antoine-Glaphire Nonclair était fils de Pierre-Glaphire Nonclair, hôtelier à Claye, près Meaux, et de Marguerite Lanoir. Celle-ci épousa en deuxièmes noces Charles Tartier, étapier à Claye.

« tance, disait-il, du citoyen Dubois, notre greffier ordi-
« naire. En conséquence de la commission à nous remise
« et vu les occupations extraordinaires à nous survenues,
« nous nous sommes transporté en le ci-devant Hôtel-
« Dieu de cette ville, y étant et en assistance des
« citoyens M... et H..., officiers municipaux et pareille-
« ment du citoyen Glory, appréciateur nommé par le
« district ; et, étant en ladite maison, y avons trouvé la
« citoyenne Desmarres, supérieure, laquelle nous a
« représenté les différents ornements qui sont dans la
« ci-devant église dépendant dudit hôpital.... ».

La citoyenne Desmarres réclama les aubes, les amicts et autres linges qui pouvaient être utilisés pour les besoins des malades.

Tout fut estimé dans l'inventaire, même les lambris de la chapelle.

Nonclair terminait ainsi son procès-verbal : « Après
« avoir dégalonné différents ornements et ce, en pré-
« sence des commissaires et des citoyennes hospitalières
« de la maison, les ayant pesés, il s'est trouvé, en
« galon or et galon argent, quatre marcs, quatre onces ;
« en étoffe, trois marcs, une once ».

La chapelle de l'Hôtel-Dieu servit à l'étapier de grenier à fourrages, et les malades ne tardèrent pas à être incommodés par l'odeur du foin, qui se répandait dans les salles. La municipalité écrivit au citoyen Le Moine, chef du service des étapes, la lettre suivante : « La ci-
« devant chapelle de notre Hôpital civil forme la conti-
« nuation de la salle des malades, dont elle n'est séparée
« que par une claire-voie qui ne peut les garantir ni de
« l'odeur du foin, ni du bruit que nécessite l'entrée du
« fourrage et sa distribution. Ainsi, elle ne peut servir
« de magasin. Le citoyen Hay[1] peut en déposer une

(1) René Hay, fils de Michel Hay et de Marie Louail, — mari de Françoise La

« vingtaine de charretées dans le grenier de sa tante la « citoyenne Richard, peu éloigné de chez lui ; et s'il lui « faut un local plus étendu, nous y joindrons la ci-devant « chapelle Antoine (c'est-à-dire du cimetière Saint-« Antoine), au haut de la ville....

« Salut et fraternité ».

Les immeubles appartenant à l'Hôtel-Dieu comprenaient :

I. — PAROISSE DE SAINT-MARTIN DE MAYENNE

1. La lavanderie ou blanchisserie de la Vieille-Courbe, avec prés et pièces de terre.
2. La lavanderie de Bel-Air avec maison, jardin et dépendance (1).
3. La lavanderie ou blanchisserie de la Nouvelle-Courbe, avec prés et pièces de terre (2).
4. La métairie de la Ferronnière (3).
5. La métairie de la Courbe (4).
6. Le pré de la Noë, à la Ferronnière (5).
7. Le pré de la Baudrairie.
8. La maison de la Roche-Gandon et ses dépendances.
9. Une maison, rue de Boyère.

Roche, — père de Marie et de Françoise Hay. Françoise La Roche était fille de François La Roche et de Françoise Richard, et cette dernière avait pour frère et sœurs : 1° René Richard, époux de Françoise Létard ; 2° Renée Richard, mariée à Charles Brochard ; 3° Et Marie Richard, épouse de Daniel Leclair, notaire.

(1) La lavanderie de la Vieille-Courbe et celle de Bel-Air étaient louées par bail emphytéotique du 10 octobre 1788.

(2) Bail du 15 mars 1774.

(3) Bail du 2 juillet 1790.

(4) Bail du 21 mars 1781.

(5) Bail du 22 août 1790. L'Hôtel-Dieu possédait dans ce pré « une perrière », « c'est-à-dire une carrière dont il vendait la pierre à raison de 32 sous la « toise ».

II. — PAROISSE DE NOTRE-DAME DE MAYENNE

1. La métairie de Bras [1].
2. Une maison du Grand-Carrefour de Mayenne, formé par la jonction de la Grand'Rue et de la rue de Baudais.
3. Une maison au faubourg Saint-Vincent.
4. Six maisons rue des Lavanderies.
5. Deux maisons rue du Pavé-Morin.

III. — PAROISSE DE SAINT-BAUDELLE

1. Une maison près de l'auberge de la Croix-Blanche.
2. Le lieu de Chapin [2].

IV. — PAROISSE DE PARIGNÉ

La closerie de la Bretonnière.

V. — PAROISSE DE COMMER

Le Petit-Vaugaron [3].

(1) Cette métairie de Bras, quelques autres biens et des rentes furent cédés à l'Hôtel-Dieu par Françoise Griffaton de la Patrière, fille de Barthélemy Griffaton, par contrat devant Esnault, notaire à Mayenne, le 3 mai 1707, moyennant l'acquit de quelques dettes de la cédante et une rente viagère de 270 ᶠ à son profit.

En 1568, le curé de Notre-Dame de Mayenne fit, à l'approche des Huguenots, cacher à Bras une partie du mobilier de la sacristie de son église.

On lit dans un vieux registre de la Fabrique.

« — Juillet. — Payé 8 sols pour le salaire de ceux qui sonnèrent le toscin « lorsque les Huguenots et autres gens d'armes voulurent entrer dans la ville.

« — Septembre. — Payé 16 sols à 8 hommes pour porter huit faix d'orne« ments de l'église et autres meubles depuis le Château jusqu'aux lieux de « Bras et de Poirsac, et, de nuit, pour cacher lesdits ornements.

« — Septembre. — Payé 4 sols à Jehan Gouault, qui avait porté lesdits orne« ments au Château.

« — Septembre. — Payé à 8 hommes 12 sols pour rapporter lesdits orne« ments après la tempête passée. »

(2) V. Bail devant Cherbonnel, notaire royal à Mayenne, du 25 juillet 1789.

(3) Voir Bail devant Cherbonnel, de mars 1788.

VI. — PAROISSE DE MONTOURTIER

La Chauvière [1].

VII. — PAROISSE DE SAINT-GEORGES-BUTTAVENT

Le lieu de la Bruyère [2].

VIII. — PAROISSE D'ALEXAIN

Le lieu de la Girardière.

L'Hôpital possédait un certain nombre de rentes :

Il était dû par :

Les Tailles du roi, des Finances de Bretagne .... 161₶ 9s

Jean Bourgault, une rente de 50₶. (Contrat de constitution par Michel Treton, tailleur d'habits, devant Houet, notaire à Mayenne, du 3 février 1740)............................ 50₶ »

François Venel, sur la Louvellière, en Contest. (Titre nouvel devant Daguier [3], notaire à Contest, du 6 avril 1730).................. 8₶ »

A reporter......... 219₶ 9s

(1) Voir Bail devant Cherbonnel, notaire à Mayenne, du 12 juin 1791. La Chauvière dépendait autrefois de la terre et seigneurie de Bourgon et fut achetée par Jean d'Harembure, écuyer, sieur dudit lieu, et Marie Leroux sa femme, de Madeleine de Souvré, dame de Bourgon, veuve de Philippe-Emmanuel de Laval, suivant contrat passé devant Carré et Guillard, notaires au Châtelet de Paris, le 17 novembre 1651. D'Harembure, administrateur des biens de la dame de Bourgon, demeurant au château d'Aron, vendit ensuite la Chauvière à l'Hôtel-Dieu de Mayenne pour une rente viagère de 222₶ tournois, réversible sur la tête de sa femme, Marie Leroux.

(2) Voir Bail devant Cherbonnel, notaire royal à Mayenne, d'octobre 1790.

(3) Julien-François Daguier de la Gaignardière, fils de Michel Daguier de la Gaignardière et de Marie Garnier, — petit-fils de Julien Daguier de la Houërie, notaire royal, et d'Anne Gonnet, — époux de Jeanne Lebrun, — père de : 1° Julien-François D., 2° Geneviève-Anne D., mariée à René Lebrun de la Beauluère, 3° Marie-Julienne-Michelle D., épouse de Julien-François Le Cendrier.

Report..... 219# 9s

Les mineurs Ruffault. (Contrat de constitution par Jeanne Goupil, veuve Radou, devant Berdin[1], notaire)... .... 6# 10s

François Roche et Jean Pottier, sur des maisons au Pavé-Morin, paroisse de Notre-Dame de Mayenne. (Constitution devant ledit Houet, du 21 juin 1738), 5# 12s 6d, ci..... .... 5# 12s

Gautun[2], représentant Hébert, potier d'étain, et N... Jamelin, épouse de ce dernier. (Contrat devant Houet et Lecottier[3], notaires à Mayenne, du 24 février 1738).......... 25# »

Demoiselle Brochard-Laubrière, de Saint-Denis, représentant le sieur Brochard. (Contrat devant ledit Houet, du 24 février 1738)...... 30# »

La veuve Le Mesnager, représentant François Baloche[4]. (Contrat devant Plagué, du 17 juin 1626)............ .... 3# »

Demoiselle Frangeul[5], de Boyère, représentant Jean Frangeul. (Cession devant ledit Houet, notaire, du 16 février 1730)........... 56# 10s

Jean Chopin, de Poulay, aux lieu et place de Morice. (Titre nouvel devant Barbeu, notaire à Chevaigné, du 13 octobre 1737)........... 14# »

Michel Nion, représentant Jean Palais. (Con-

A reporter.... 360# 1s

(1) Noël Berdin de la Moinerie qui eut pour fils Julien Berdin de la Moinerie, avocat, marié à Perrine Guyard, et pour petite-fille Renée-Perrine B., épouse de Nicolas-François Leforestier.

(2) Jean Gautun avait eu de son mariage avec Anne Cosnard, trois enfants : 1° Louis Gautun, époux de Renée Hébert, 2° Anne Gautun, mariée à Jamelin de la Place (René-Patrice), notaire.

(3) Jean-René Lecottier.

(4) François Baloche eut de son mariage avec Catherine Soulif plusieurs enfants entr'autre Catherine Baloche, épouse de René Le Mesnager.

(5) Anne ou Jeanne-Françoise Frangeul, sœur de Jacques F., Marie F., épouse de Jacques Chasseboeuf et Renée F., mariée à Daniel Leclair.

Report...... 360 ₶ 1 s

trat devant ledit notaire Houet, du 28 janvier 1738)................................ 14 ₶ »

La veuve François Hamelin née Chesnais, de Grazay. (Titre nouvel devant Radou, notaire, du 15 janvier 1739).................... 10 ₶ »

La veuve Huen, du Pas, représentant Jacquin Huen. (Titre nouvel devant ledit Houet, notaire, du 27 novembre 1741)............ 15 ₶ »

Noël Lajeunesse, aux lieu et place de Jeanne Jacquet, sa fille. (Contrat devant ledit Houet, notaire, du 11 juin 1748).................. 25 ₶ »

La veuve Charbonnier, du Pavé de la Barre, au faubourg Saint-Martin de Mayenne. (Titre nouvel devant Jamelin (1), notaire à Mayenne, du 10 décembre 1755).......................... 6 ₶ »

Demoiselle Deschamps.. .... 30 ₶ »

La veuve Jean-Baptiste Crosneau, née Anne Lepouriel. (Contrat devant ledit Lecottier, du 25 janvier 1753)............................ 40 ₶ »

Les héritiers Fortin, aux lieu et place de René Grandin et de Philippe Bernier....... 30 ₶ »

La dame Le Bouvier du Hameau représentant Pierre Gautrin, de Champgenéteux. (Contrat devant Nicolas Lemaitre, notaire, du 14 juillet 1660)................................ 12 ₶ 10 s

Les enfants Treton de Vaujuas, aux lieu et place de Marin-René Le M[illegible]nager, seigneur de la Dufferie, et d'Hyacinthe-Françoise Le Mercerel de Chasteloger, sa femme. (Obligation devant ledit Me Radou, du 14 juillet 1760).... 120 ₶ »

A reporter....... 662 ₶ 11 s

(1) René-Patrice Jamelin de la Place, fils de Jean-Baptiste Jamelin et de Ma[illegible] Houet, — frère de Jeanne-Perrine Jamelin, mariée à René Hébert de la Barrie.

Report..... 662^{l} 11^{s}

Les sieurs Sorieul [1], bouchers, aux lieu et place de demoiselle Richard, sur les champs de Boyère au faubourg Saint-Martin de Mayenne, et le taillis de Pleinmer, dite paroisse. (Contrat de constitution devant Guesnerie, notaire à Mayenne, du 7 octobre 1697)....... 7^{l} »

René Chabrun deux rentes, l'une de 7^{l} et l'autre de 11^{l} 10^{s}........................ 18^{l} 10^{s}

Le sieur Emery et ses sœurs, aux lieu et place de Charles Rabineau. (Jugement du 12 novembre 1738).................................. 32^{l} »

Jean Ronné, de la Bigottière. (Titre nouvel devant Chevalier, notaire, du 24 novembre 1759)...................................... 10^{l} 11^{s}

Simon Havard, [2] aux lieu et place de Georget-Bretonnière.............................. 26^{l} »

Moulin.................................. 20^{l} »

Bernard dit Margerie [3], meunier à Brives, paroisse Notre-Dame de Mayenne, représentant Roger. (Contrat devant Daniel Leclair [4], notaire, du 27 décembre 1738)....... 53^{l} »

Jamelin.................................. 100^{l} »

Louise Oger. (Contrat devant ledit Houet, du 24 juin 1748)........................... 54^{l} »

Richard Martinais, aux lieu et place de Philippe-François-Thomas du Taillis. (Constitu-

A reporter..... 983^{l} 12^{s}

(1) Pierre et Jean Sorieul, fils de François Sorieul et de Marie Leudière. Jean S. avait épousé Jeanne Pottier.

(2) Simon Havard, marchand, époux de Marie Richard.

(3) François Bernard, fils de François B. et de Michelle Froger, avait épousé Jacquine Roger. Son fils portait également le prénom de « François. »

(4) Daniel Leclair eut de son mariage avec Marguerite Richard, deux enfants : Daniel-René Leclair, notaire, mari de Renée Frangeul ; 2° Marie-Marguerite Leclair, épouse de Pierre Dubois.

Report.....	983^{T}	12^{s}
tion devant ledit Houet, notaire, du 16 février 1740)..	100^{T}	»
La veuve Jacquet du Seuil, acquéreuse de Quinton-Lory [1]. (Contrat devant Le Maignen, notaire, du 18 mai 1671)........................	1^{T}	»
Cordelay-Sillardière deux rentes, l'une de 15^{T} et l'autre de 12^{T}. (Contrat devant ledit Houet, notaire, du 27 juillet 1738. — Jugement de la Barre ducale du 18 juillet 1746)..	[illegible]	»
Le titulaire de la chapelle Sainte-[illegible]rite de la Perrière, en Aron [2]..........		»
La veuve Larue, de Saint-Baudelle. [illegible] devant Michel Grosse, notaire royal [illegible] Fraimbault, du 25 novembre 1722).......	[illegible]	»
Les enfants Boutrot..	100^{T}	»
La veuve Goyet-Godardière	100^{T}	»
Souvigné, du Pas. (Titre nouvel devant Bougrain, du 1er mars 1727)........................	10^{T}	»
Marie Lottin, veuve Pierre Carré, de Grazay. (Titre nouvel devant ledit Radou, notaire, du 23 juin 1760)	7^{T}	10^{s}
Fougeray-Chauvinière	80^{T}	»
La veuve Godardière......................	7^{T}	»
Total.............	1.466^{T}	2^{s}

Les droits de la foire Saint-Clément avaient été affermés 16^{T} en 1666 ; 27^{T} en 1705 ; 81^{T} en 1758 et 48^{T} en 1783.

(1) Louis-Bernard Quinton, avocat, fils de César Quinton des Sources et de Marguerite-Françoise Bougler, eut de son mariage avec Jeanne-Renée-Hortense Lemonnier de la Babinière quatre enfants : 1° Joseph-René-Victor Q. ; 2° Marie-Éléonore-Catherine Q., épouse de Gaspard de Lampo-Redendo, négociant à Nantes ; 3° Hortense-Marguerite ; 4° Louise-Aimée, épouse de Louis-René Le Brie, receveur des domaines du roi.

(2) La prestimonie de Sainte-Marguerite de la Perrière, desservie en l'église d'Aron, possédait en Aron une portion de grange et douze pièces de terre, d'un revenu d'environ 100^{T} à la Révolution.

L'Hôpital jouissait du droit exclusif de vendre de la viande en carême.

Ce droit faisait, avant la révolution, l'objet d'un affermage aux enchères et produisait à l'établissement de 100 à 200# par an. L'adjudicataire devait, en outre, fournir à prix réduit de la viande pour les malades.

En 1781, les bouchers de Mayenne s'étaient syndiqués et, lors de la mise en adjudication du privilège de vente, tous refusèrent d'enchérir. Le receveur de l'Hôtel-Dieu se chargea alors « de faire tuer de la viande pendant le « carême, pour l'usage du public, et de faire tous les « marchés nécessaires, tant pour l'achat des bestiaux « qu'avec les bouchers, du ministère desquels il aurait « besoin[1] ».

François Sorieul, boucher à Mayenne, fournissait « par abonnement » à l'Hôpital, en l'an V, la viande de bœuf, de veau et de mouton, à raison de 4 sous et demi la livre, poids de 18 onces.

« L'Hôtel-Dieu était seigneur de quantité de métairies, « pièces de terre, maisons et jardins, dans les paroisses « de Mayenne et d'Aron. Il recevait, année commune, une « somme de 300# pour rentes seigneuriales, lods et ventes « ou ventes et issues, qui lui étaient dûs au sixième du « prix du contrat[2]. »

La Nation vendit :

I. — PAROISSE DE SAINT-MARTIN DE MAYENNE

1. La lavanderie de la Vieille-Courbe, le 18 frimaire an III (8 décembre 1794), moyennant 80.100#.

(1) Au carême de 1760, il n'y avait point eu d'adjudication. La boucherie s'était tenue à l'Hôtel-Dieu, et la première gouvernante recevait le prix de la viande vendue.

(2) Voir État des biens et revenus dont jouissait l'Hôpital du Saint-Esprit, lors de la promulgation de la loi du 23 messidor, an II (11 juillet 1794). On trouvera à l'Appendice, note D, quelques renseignements sur les droits de « ventes et issues » dans la baronnie de Mayenne.

2. La lavanderie de la Nouvelle-Courbe, le 2 septembre 1793, pour 46.100^{l}.

3. La lavanderie de Bel-Air, le 18 frimaire an III (8 décembre 1794).

4. La métairie de la Féronnière, le 18 frimaire an III (8 décembre 1794), moyennant 83.500^{l}.

5. Le pré de la Baudrairie, le 9 nivôse an III (29 décembre 1794), pour 1.008^{l}.

II. — PAROISSE DE NOTRE-DAME DE MAYENNE

1. Une maison, rue des Lavanderies, habitée par Rateau, le 19 nivôse an III (8 janvier 1795)(1).

2. Une maison, rue des Lavanderies, occupée par Rivière, composée de salle, cave au-dessous pour deux métiers, la moitié d'une cour et une portion de jardin, le 8 germinal an III (28 mars 1795), moyennant 5.700^{l} (2).

3. Une maison et une portion de jardin, louées par Cohier, rue des Lavanderies, le 8 germinal an III (28 mars 1795), pour 4.200^{l} (3).

4. Deux maisons occupées par Renard, rue des Lavanderies, « à l'entrée du pré de la lavanderie du citoyen « Desrochers(4) », le 8 germinal an III(5) (28 mars 1795)

5. Une maison que louait Richard, rue du Pavé-Morin, le 8 germinal an III(6) (28 mars 1795).

(1) Cette maison était louée 58^{l} 10^{s} par an, suivant bail devant Cherbonnel, notaire à Mayenne, du 27 janvier 1788.

(2) Ces immeubles étaient loués 36^{l} par an, par bail devant Cherbonnel, notaire à Mayenne, du 20 décembre 1788.

(3) Ces biens rapportaient par an 28^{l}. (Voir bail devant Cherbonnel, notaire à Mayenne, du 6 octobre 1782).

(4) Jacques-René Coulon des Rochers, négociant, eut de son mariage avec Françoise-Renée Benoiste du Perray quatre enfants : Ursule C., mariée à Nicolas-Julien Demées, avoué à Mayenne ; Modeste C., percepteur des contributions directes ; Mélanie C. ; Jules C., qui devint garde du corps en 1819.

(5) Voir bail du 3 avril 1785.

(6) Voir bail du 27 octobre 1788.

6. Une maison, rue des Lavanderies, le 8 germinal an III (28 mars 1795).

III. — PAROISSE DE SAINT-BAUDELLE

Une maison habitée par Duroy, près de l'auberge de la Croix-Blanche, jardin et dépendances, le 9 nivôse an III (29 décembre 1794), moyennant 1.203 fr [1].

Les prix de ces biens et le montant des amortissements des rentes dues à l'Hôtel-Dieu entrèrent dans les caisses de l'Etat, et l'Hôpital se trouva dans une grande pénurie [2].

Le 18 vendémaire an V (9 octobre 1796), la municipalité de Mayenne écrivait à l'administration centrale du Département : « L'Hôpital, qui a vu vendre au profit de « la Nation près de la moitié de ses biens et n'a touché « pendant longtemps qu'en assignats le revenu de ceux « lui restant, et qui ne reçoit plus de dons particu- « liers, est réduit à un tel dénûment qu'il ne peut plus « traiter que 8 à 10 de nos concitoyens au lieu de 80 à « 90 que son local lui permet de recevoir... »

Un arrêté du Département du 24 pluviôse an VI (12

(1) Voir bail devant Cherbonnel, notaire à Mayenne, du 15 juillet 1789.

(2) Les prix d'acquisition des biens de l'Hôtel-Dieu ne représentaient pas leur valeur vénale en numéraire, mais celle qu'ils avaient en assignats. On arriva à se procurer des valeurs fiduciaires à vil prix ; aussi les acquéreurs et débirentiers purent-ils faire, au détriment du trésor public, de gros paiements à l'aide de sommes insignifiantes en espèces. Le discrédit du papier-monnaie devint tel qu'en frimaire an IV, (décembre 1795), le louis de 24 fr arriva à représenter 1975 francs en assignats.

Un directeur de l'enregistrement écrivait, le 1er ventôse an IV (20 février 1795 : « ...Le receveur de N... me prévient qu'il ne peut avec des assignats trou- « ver de voiture pour faire parvenir les papiers de l'ancien timbre et qu'inuti- « lement on lui adresserait l'envoi qui doit compléter son approvisionne- « ment, s'il n'est autorisé à payer le port en numéraire. Enfin, il observe qu'il « ne peut se procurer ni cheval, ni voiture, ni charrette même, autrement « qu'en numéraire. »

février 1798) constatait que l'établissement avait perdu 8.382 fr. 85 de son revenu.

L'Hôtel de Ville de Mayenne fit remarquer que cette somme était inexacte. En effet, dans un rapport fourni par les administrateurs de cet établissement, en l'an VII, on lit ce passage :

« En 1790 et auparavant, cet hospice possédait des « domaines d'un revenu considérable dont la plupart « ont été aliénés en vertu de la loi de messidor an II.

« Avant cette loi, les revenus, soit en domaines, soit en « rentes, s'élevaient à la somme de...... 13.210 fr. 91

« L'étendue du secours, que les pauvres « malades recevaient dans cet hospice, « était proportionné aux revenus et la « dépense se montait au niveau de la « recette, mais depuis le mois de messidor « an II, il a perdu, soit par la vente des « domaines qu'il possédait, soit par l'alié- « nation de ses rentes dont l'État a touché « le remboursement, un revenu de...... 9.229 fr. 81

« Conséquemment, les revenus qui lui « restent se trouvent réduits à........... 3.981 fr. 10

« Nous nous bornons à faire observer que nous ne « croyons pas qu'il soit possible, quant à présent, de « conserver plus de 12 lits pour les pauvres malades, « savoir : six lits pour hommes et autant pour femmes, « par la raison qu'on peut compter que les Défenseurs « de la Patrie occuperont à l'ordinaire quatre lits. Ainsi « la maison aura au total 16 lits y compris ceux destinés « aux militaires... »

Quoiqu'on eût, dès l'année précédente, organisé au Château des Buttes ou Grand-Logis un hôpital militaire, l'Hôtel-Dieu avait reçu néanmoins des soldats, particulièrement des galeux qui y avaient causé de grands dégâts.

Il existait de plus à Mayenne une ambulance (1).

La municipalité put croire un moment que son hôpital serait indemnisé, du moins en partie de la perte de ses immeubles aliénés.

On projeta d'abord de lui donner des biens confisqués sur l'émigré d'Héliand, mais on ne tarda pas à s'apercevoir qu'ils avaient fait l'objet d'une mainlevée et que la Nation ne pouvait plus en disposer.

Au commencement de l'année 1797, l'administration

(1) Voir à l'Appendice, note E, une autorisation donnée par la municipalité d'occuper le château des Buttes, pour un hôpital militaire, et un état des dommages causés par les soldats à l'Hôtel-Dieu.

Il avait été question de placer cette ambulance dans la maison de l'émigré Le Mercerel de Chasteloger (aujourd'hui place Cheverus), comme nous l'avons raconté dans les « *Souvenirs du Vieux-Mayenne* », pages 353 et suivantes, mais on dut y renoncer. La municipalité ne paraissait pas disposée à abandonner cette habitation à la troupe. Elle écrivait au citoyen Bassot, commandant temporaire de la ville, le 10 ventôse an IV (29 février 1796) :
« .... Si le général La Barollière décide que l'ambulance aille à la maison « Chasteloger, il faudra du temps pour ôter tout ce qui y est. Il y a des ma« gasins considérables à évacuer, tels que cuivre, métal de cloches, plomb, « étain. Il y a tous les livres des ci-devant communautés, émigrés, condam« nés de notre ancien district, les ornements des églises et bien d'autres « meubles et effets nationaux dont la vente ouvrira le 25 du courant. Ce serait « vouloir causer des frais inutiles à la Nation que de les porter ailleurs, vu « qu'il y a si peu à attendre pour les vendre. D'ailleurs, vu la rareté des loge« ments, il est très-difficile d'en trouver, surtout d'aussi sûrs comme il le « faudrait.

« Il faut aussi du temps au receveur des Domaines nationaux pour enlever « ses papiers et sa caisse. Il ne peut le faire qu'il n'ait un local sûr où les « placer, chose difficile à trouver, comme nous l'avons déjà dit. Il y a de « plus tous les papiers de l'ancien District, auxquels il faut aussi un local sûr, « ainsi qu'à l'Administration municipale du canton. Tous ces objets sont de « la plus grande importance, et, quelque bonne volonté qu'on ait, on ne peut « les transférer ailleurs qu'avec du temps ; et, quelque temps qu'on y mette, « il pourra encore s'en détériorer ou s'en perdre. Afin que vous n'ayez vous« même aucun reproche à craindre, vous ferez bien d'attendre la décision « du général. Au reste, en plaçant une caserne au haut de la cour de l'ambu« lance actuelle, comme nous vous l'avons proposé hier, vous assurerez les « malades contre les Chouans et vous n'augmenterez pas la fatigue de la « garnison, puisque votre intention est d'établir une caserne à l'ambulance « actuelle, si elle vient à être évacuée... »

centrale du Département invita la municipalité de Mayenne à indiquer les biens nationaux invendus, qui pourraient être accordés à l'Hôtel-Dieu et celle-ci s'en remit, pour cette désignation, à la sagacité et au choix de la Commission administrative de l'établissement. Le 5 germinal an V (25 mars 1797), la Commission dressa une liste qui comprenait les métairies ci-après : La Doinerie, en Saint-Germain-d'Anxurre ; la Bellière, Le Val-au-Ray, Courbeault, La Maillardière et Vaugron, en Bais ; La Haie-au-Long en Champgenéteux ; La Marche en Hambers ; la Bannetière, Le Parc d'Avaugour et la Mézerais, en Brecé ; Vestré, La Haie-sur-Colmont, La Colmont et La Gaucherie, en Oisseau ; La Rongère au Pas ; les Grandes et les Petites-Ridellières, en Loupfougères.

La Commission administrative finissait ainsi son procès-verbal : « Les administrateurs de l'Hospice rappellent au Département qu'il est absolument nécessaire « qu'on conserve à l'hospice une demi-année du revenu « de ces biens, sinon il n'est pas possible qu'il subsiste « plus de trois mois, à la honte de l'humanité. Les biens « que l'on propose en remplacement ont un besoin pressant de réparations, et il n'y a point de bois pour y « faire travailler, ce qui coûtera considérablement à « l'hospice et excédera la petite différence qui se trouve « entre les biens vendus et ceux ci-dessus demandés en « remplacement » : Suivaient les signatures : Lejeune ; Morice-Larue ; Pattier, père ; René Noël.

La circulaire suivante vint peut-être arrêter un moment les bonnes intentions du Département.

LE DIRECTOIRE EXÉCUTIF AU MINISTRE DES FINANCES

Paris, le 1er Thermidor an V de la République française, une et indivisible (19 Juillet 1797).

« Le Directoire exécutif est informé, citoyen ministre,

« que les ennemis de la chose publique cherchent à ins-
« pirer des craintes aux acquéreurs des domaines natio-
« naux et qu'on se propose par cette manœuvre de retar-
« der l'empressement des citoyens qui voudraient faire
« de nouvelles acquisitions... On affecte de faire deman-
« der, pour de prétendus établissements publics, des pro-
« priétés déjà aliénées ou qui doivent l'être. Il y a des
« administrations centrales qui laissent accréditer ces
« erreurs, ou par leur silence ou par leur défaut de sur-
« veillance. Quelques prétextes qu'emploient ceux qui
« essayent de troubler la sécurité des acquéreurs des
« domaines nationaux, ils sont coupables ; ils méritent
« l'animadversion des lois, et les autorités, chargées de
« les faire exécuter, doivent s'élever contre eux. Le
« Directoire exécutif vous charge expressément de pren-
« dre à ce sujet les renseignements les plus circonstan-
« ciés et de lui en rendre compte. Les propriétaires des
« domaines nationaux doivent être sûrs que, dans aucun
« temps, ils n'auront à distinguer leurs acquisitions des
« héritages de leurs pères. Les biens, que la souveraineté
« nationale leur a vendus, sont placés sous la sauvegarde
« de l'Acte constitutionel, sous la protection des lois, sous
« la garantie de la loyauté française. Les principes qui
« ont renversé les vieilles erreurs, les vérités qui ont
« détruit le fanatisme, la force publique qui a repoussé
« loin des frontières les armées coalisées sauront main-
« tenir et faire respecter les ventes faites légalement. Si
« quelque tiers réclamant a droit à une indemnité, le
« trésor public y pourvoira, mais la vente sera exécutée.
« Tels sont les véritables principes. Le Directoire exécu-
« tif doit les faire respecter par toute les autorités consti-
« tuées ; il vous prescrit de les faire exactement observer.

« Pour expédition conforme. (signé) Carnot, président ».

L'année suivante, le 24 pluviôse an VI (12 février

1798), le Département dressa un tableau comprenant seize propriétés qui devaient remplacer celles que l'hôpital avait perdues. Dans le nombre figuraient les métairies dont il a été parlé plus haut, moins la Doinerie, le Parc d'Avaugour, Vestré, La Haie-sur-Colmont et La Colmont ; on remplaçait celles-ci par trois autres, la métairie de Launay, la closerie de la Roseraie et le domaine de Fontenay. Le document n'indiquait pas la situation de ces propriétés ; elles étaient estimées d'un revenu de 1.381 fr.

Ces projets avantageux pour l'hôpital et dont se berça la ville furent abandonnés.

L'Hôtel-Dieu se releva de ses ruines, au cours du XIXe siècle. La générosité des habitants de Mayenne est inépuisable et la liste déjà longue de ses nouveaux bienfaiteurs est une preuve manifeste de leur grande charité[1].

Parmi les donateurs, se trouve l'acquéreur d'une des boutiques, situées sous le parvis de l'Eglise de Notre-Dame de Mayenne, qui avait, pendant la Révolution, remboursé en papier-monnaie, devenu sans valeur, une rente à l'Hôtel-Dieu et en eut plus tard des remords. Il mourut le 8 avril 1829, laissant un testament olographe du 21 août 1815, déposé chez un notaire de Mayenne, dans lequel on lit : «... Plus, je donne à l'Hôtel-Dieu « de Mayenne, une petite boutique que j'ai acquise « sous le parvis, en dédommagement d'une rente de « 30⁺, que j'ai amortie en papier à l'Hôtel-Dieu ».

Peu de temps après le 18 brumaire, plusieurs prêtres insermentés occupèrent la chapelle du Saint-Esprit. D'abord, ils n'y célébraient la messe que devant quelques personnes, mais l'affluence des fidèles devint bien-

(1) Voir à l'appendice, note F, un tableau de quelques-uns des bienfaiteurs de l'Hôpital.

tôt si grande qu'on dut ouvrir, sur la rue, la grande porte du sanctuaire. Le calme se faisait dans les esprits et à part quelques rares jacobins, la masse populaire était fatiguée des excès de la Révolution.

Un rapport de Chevalier[1], sous-préfet de Mayenne, en date du 26 nivôse an IX (16 janvier 1801), révèle bien l'état d'esprit du pays à cette époque :

« Les Fêtes décadaires, écrivait-il, se tiennent dans les « églises, mais il n'y a guère à y assister que les autorités « constituées, les musiciens et le piquet qui les accom- « pagne. La liberté de travailler les décadis a fait ici le « plus grand plaisir ; l'obligation de fêter ces jours-là « n'avait d'ailleurs jamais été observée que par ceux « qui étaient forcés de travailler dehors, et ils murmu- « raient beaucoup contre un repos qui diminuait sensi- « blement leurs moyens d'existence.

« Les églises ont souffert dans le temps de la Terreur ; « elles étaient presque sans vitres et les couvertures « avaient aussi été fort négligées. Avec des contributions « volontaires on fait à présent les réparations les plus « pressantes.

« Les clôtures de beaucoup de cimetières ont été aussi « presque abandonnées.

« Il y a eu très-peu de presbytères vendus ; ils sont « affermés ou occupés par des brigades de gendarmerie. « La plupart ont, comme les églises, le plus grand besoin « de réparations.

« Je ne crois pas qu'il y ait dans l'arrondissement une « douzaine de prêtres assermentés exerçant leurs fonc- « tions ; il peut s'y trouver actuellement une cinquantaine « de réfractaires ayant refusé le serment, toujours fort « regrettés. Les habitants cherchent à s'en procurer et

(1) Julien-Jacques Chevalier, fils de Julien Chevalier, notaire à Mayenne, et de Jeanne Bignon, épousa Marguerite-Renée Burgat, née à Ernée, fille de Jean-François Burgat et de Marguerite Ancenis.

« leur nombre augmente de jour en jour. Il ne paraît « pas qu'ils abusent de leur influence sur les popula- « tions ; aucune plainte à ce sujet ne m'est parvenue. On « croit même généralement qu'ils contribuent au main- « tien du calme, en prêchant l'union et le respect des « personnes et des propriétés Leur retour a fait le plus « grand plaisir aux habitants qui regrettaient extrême- « ment un culte auquel ils ont toujours été très-attachés.

« Il y a, à Mayenne, des prêtres assermentés qui, « depuis plusieurs années, occupent la principale église. « Sept à huit insermentés exercent dans deux autres « églises depuis quelques mois. Ni ces prêtres, ni ceux « qui les suivent ne se sont jamais fait de reproches, et la « diversité des opinions n'a point altéré la tranquillité « publique.

« Si l'on jugeait indispensable d'exiger des prêtres la « promesse de fidélité à la Constitution, il faudrait met- « tre dans notre pays assez de troupes pour qu'il ne pût « s'y former de rassemblements capables de renouveler « nos malheurs. Car s'ils refusaient cette promesse, ils « ne pourraient plus exercer leurs fonctions publique- « ment et deviendraient bien plus difficiles à surveiller. « Les voleurs, qui çà et là se livrent au brigandage, sai- « siraient cette circonstance; ils s'efforceraient de renou- « veler la Chouannerie, et ce prétexte pourrait grossir « leurs bandes ».

La liberté, ainsi qu'on le voit, commençait à repren- dre ses droits. Le prêtre catholique romain pouvait exercer son ministère sans être inquiété.

Chaque jour, les émigrés rentraient plus nombreux et obtenaient leur radiation des listes de proscription.

Le sous-préfet Chevalier écrivait encore le même jour : « Dix émigrés rayés définitivement, et cinq émi- « grés non encore rayés ont fait ici la promesse de fidé- « lité à la Constitution. Il ne m'est parvenu aucune

« plainte sur leur compte, non plus que sur le compte « des rebelles soumis ; plusieurs de ces derniers ont mê- « me aidé à arrêter des brigands très-redoutés[1] ».

Les violences de la Révolution sont passées. Royalistes et républicains se font des concessions mutuelles. On désire la paix de part et d'autre[2].

Bientôt « le Conseil communal du premier arrondis- « sement du département de la Mayenne » réclamera le rappel des religieuses dans les hôpitaux. Voici un extrait des vœux qu'il exprima au gouvernement, dans sa séance du 22 germinal an X (12 avril 1802) :

« Dans les temps que la France servait de modèle aux « contrées de l'Europe les plus civilisées, on voyait sur « tous les points de son vaste territoire des établisse- « ments spécialement fondés pour porter la consolation « sous le chaume, qui couvre l'asile de la misère, et « donner à l'enfant de l'indigent une éducation conve- « nante.

« Le Département de la Mayenne comptait particuliè- « rement plus d'un établissement de ce genre et entre « autres, il existait dans la commune de la Chapelle-au- « Riboul une association, créée à l'instar de celle des « Filles lazaristes, qui avait pour objet le soulagement « des malades indigents et l'éducation des enfants des « pauvres.

« Toutes les filles qui voulaient se vouer à ces occu- « pations charitables étaient reçues au dépôt de l'asso- « ciation situé dans ladite commune de la Chapelle-au-

(1) Voir à l'Appendice, note 6, les noms de quelques-unes des personnes de Mayenne et des environs qui furent portées sur les listes d'émigrés.

(2) La Fête de la République du 1er vendémiaire, an IX (23 septembre 1800), venait d'être célébrée sans enthousiasme à Mayenne. La Municipalité s'était bornée à dépenser 22 fr. 10, savoir : 12 francs pour payer les violons Maret et Gerbault, qui avaient fait danser le soir, et 10 fr. 10 pour acheter « douze « livres de suif, une once de coton à mèches de lampions, et une livre de « chandelle moulée », employés pour l'illumination.

« Riboul où des femmes édifiantes et d'une conduite « exemplaire, versées dans l'art si délicat de donner des « soins à l'infortune et de faire des heureux, les élevaient « conformément à leur institution et renouvelaient sans « cesse la pépinière de ces bienfaitrices de l'humanité.

« Une fois instruites, ces filles charitables se dispersaient « saient dans toutes les communes, même des dépar-« tements voisins, donnaient aux malades malheureux « des soins utiles, instruisaient les pauvres enfants et « pratiquaient toutes les vertus qui honorent l'espèce « humaine. De légères rétributions offertes par la recon-« naissance assuraient leur existence, et la société qui « jouissait de leur dévouement n'avait pour elles aucun « sacrifice à faire.

« Demander au gouvernement le rétablissement d'une « maison si intéressante par le but de son association, « c'est lui offrir du bien à faire ; c'est en faire soi-même, « c'est mériter de l'humanité.

« Sans doute ce serait une grande erreur de croire que « tout ce qui a été détruit, dans ces temps derniers du « débordement de toutes les passions, était également « bon ; mais c'en serait une bien plus grande encore « d'imaginer que tout était mauvais.

« Espérons que le gouvernement réparateur, qui juge « nos maux et connait nos besoins, rendra insensible-« ment à la France tout ce que le vandalisme moderne « lui a enlevé d'utile.

« La violence et les excès sont inséparables des crises « politiques ; mais toujours il arrive que l'amour de la « patrie recouvre ses droits premiers, quand les circons-« tances ont détruit les passions haineuses avec les « motifs qui les ont fait naitre.

« Ainsi, au moment où une paix glorieuse (la paix « d'Amiens) vient réparer les outrages faits à l'humanité, « peut-on croire qu'il soit de la dignité de la nation de

« laisser quelques milliers de Français exister comme « étrangers au milieu de leurs concitoyens ! Si leurs torts « ne peuvent être entièrement justifiés par ceux de 1793, « que celui-là qui jamais n'a erré en révolution se pré- « sente à l'admiration de ses concitoyens. Pour nous « qui savons combien il fut difficile de se maintenir sans « tache au milieu des mouvements frénétiques qui ont « si longtemps déchiré notre commune patrie, nous « préférons élever un autel à la Clémence et demander « qu'il soit permis à ceux qui, portés sur la liste des « émigrés ne peuvent devenir l'objet d'une exception « particulière, de jouir en France de leur état civil, puis- « que la plupart y sont déjà tolérés et rétablis indirec- « tement dans la jouissance des restes de leur fortune « ancienne : et l'époque d'une paix heureusement con- « quise sera aussi celle de la réunion si désirée de tous « les Français ».

Ce document était signé : Perdrigeon ; J. Benoiste des Valettes ; Morice-Larue ; Lepescheux du Haubourg ; Tanniot-Montroux ; P. Tripier ; Hirbec, président ; Garnier, secrétaire.

Dès 1796 les Filles de la charité rentrèrent à l'Hôtel-Dieu. En l'an VII, nous y voyons de retour sœur Marie Chanteau, qu'on qualifiait de « première éco- nome »[1]. Elle fut nommée, en l'an XIII (1805), supé- rieure générale de sa congrégation qui venait de s'ins- taller dans l'ancienne abbaye d'Evron, avec l'autorisa- tion du Préfet de la Mayenne[2].

La nouvelle supérieure générale choisit pour lui suc- céder à Mayenne sœur Marie Baguelin.

(1) Les Filles de la charité reprirent à Mayenne leurs fonctions d'institutri- ces en 1805 seulement.

(2) Voir l'Arrêté préfectoral, du 13 octobre 1803, et aussi un Décret impé- rial, du 7 mai 1808, qui assura aux religieuses la jouissance qui leur avait été accordée de l'abbaye et de son enclos.

L'Hôpital du Saint-Esprit a été remplacé par l'établissement qui existe actuellement rue Roullois. Celui-ci n'était pas encore entièrement achevé lorsque les malades vinrent l'occuper en 1849.

Depuis la Révolution, la municipalité de Mayenne n'a cessé de confier aux sœurs d'Evron l'administration de ses maisons hospitalières. Tous les chefs de notre Hôtel de Ville, quels qu'aient été leurs sentiments religieux, se sont souvenus des paroles de Portalis et ont après lui, répété d'âge en âge et dans des termes à peu près semblables à ceux dont il se servit : « La piété a « fondé nos établissements de bienfaisance et les a soute- « nus. Lorsque nos pères voulurent rétablir nos hospices, « ils rappelèrent les vierges chrétiennes qui s'étaient « généreusement consacrées aux service des malades, « des infirmes, des enfants et des vieillards pauvres, et « nous nous estimons heureux de les conserver pour le « soulagement de l'humanité souffrante ».

APPENDICE

A (1)

Donation par Guillaume Meunier et sa femme Mathilde

Noverint universi præsens scriptum inspecturi et audituri, quòd Willelmus Molendinarius et Matildis, uxor ejus, animarum suarum consulentes saluti, Deo et domui Spiritûs Sancti de Ponte Meduanæ se in fraternitate contulerunt ; et acceperunt a fratre Hilberto, procuratore et magistro domûs Spiritûs sancti de Ponte Meduanæ, omnem partem Willelmi Pigon domûs suæ et platæ, cum omnibus pertinentiis quæ sibi pertinent, eisdem et suis hæredibus, jure hæreditario, in perpetuum possidendam. Ità tamen quòd dictus Willelmus et hæredes sui sex solidos cenomanenses dictæ domui Sancti Spiritûs de Ponte Meduanæ singulis annis redditûs persolvent : quorum denariorum media pars est in festo Beati Johannis Baptistæ, et altera pars quæ sequitur in nativitate Domini persolvetur.

Et sic idem Willelmus et hæredes sui de omni talliâ, coustumâ, pedagio et omni exactione erunt liberi et immunes, sicut cartæ domûs dictæ concessam continent libertatem, et prædicta platea Guillelmi fuit et erit libera et quietè de patre in filio possidenda.

Sciendum verò est quòd dictus Willelmus et hæredes sui dictæ domui Spiritûs Sancti de Ponte, in obitu suo,

(1) Voir page 6.

tertiam partem teraliu.n suorum tribuent catallorum.

Præterea si dicto Willelmo vel suis hæredibus dictæ domûs et plateæ placuerit resignare et ejusdem domûs sumere religionis habitum, gratulanter recipientur a fratribus dictæ domûs, cum catallis quæ ipsos contigerit tunc temporis possidere.

Ut autem hæc actio firmiter teneatur, præsens pagina sigilli domûs de Ponte Meduanæ, cum favore fratris Hilberti, munimine confirmatur.

Actum hoc anno gratiæ millesimo ducentesimo vicesimo quarto.

B (1)

Déclaration faite par Prioullet, aumônier de la Maison-Dieu de Mayenne, au baron de Mayenne, le 8 février 1451.

§ 1

L'aumônier se reconnaissait sujet en nuesse, à cause de la Maison-Dieu du Saint-Esprit de Mayenne, pour les biens ci-après, qu'elle tenait, disait-il, « en la baronnie « de Mayenne, d'ancienneté », savoir :

« 1. L'hôtel, hébergement et vallée de ladite Maison- « Dieu jusqu'au courtil et choses de Guillot Saireul, au « droit du Château, joignant la rivière de Mayenne « d'une part, aux choses du prieuré de Géhard et de feu « Geffroy Baillard, d'autre part ».

La chapelle du Saint-Esprit fut comprise dans les déclarations ultérieures. La désignation qui précède peut être complétée par une autre de 1690, qui montre que l'Hôtel-Dieu s'était étendu, vers le sud, jusqu'à la

(1) Voir p. 26.

ruelle qui descendait à la rivière. On y portait : « Mai-
« son, cours, hostel et hébergement, tant ceux où sont
« actuellement assistés les pauvres malades, qui est sur
« la Grande-Rue de Mayenne à Saint-Martin, que ceux
« qui sont sur la rue de Saint-Martin à aller aux Vallées
« par la rue de Boyère ; le tout à prendre depuis le bout
« du pont et la rivière, en marchant de Mayenne à
« Saint-Martin, jusqu'à la rivière par la ruelle qui est
« entre la grande maison où demeure Dupont, teintu-
« rier, qui fut à Me Tanquerel et ses héritiers, en tenant
« toujours la droite, y compris la chapelle.

« Au haut de laquelle vallée, il y avait un verger ou
« courtil, qui est à présent en gast, par suite des guer-
« res ».

On a vu, page 60, comment l'Hôtel-Dieu prit encore de l'extension au sud, par l'annexion de la maison Bonvoisin dite la Grand'Maison.

« 2. Un journal de terre ou environ, sis en dessus de
« la vallée du Pressoir, qui est en bois et brosse, boutant
« d'un bout aux choses de Macé Madré et d'autre bout à
« la Noë du Pressoir, joignant d'une part à la rivière et
« d'autre part aux terres de la Mazure ».

Il s'agit d'une pièce de terre sise paroisse de Saint-Martin, dans le voisinage de la propriété actuelle de M. Gustave Féron, qui portait probablement le nom de champ des Gandelées. La Noë du Pressoir était aussi appelée Noë de Piémer (Pleinmer).

« 3. Un courtil, en la paroisse Notre-Dame, sur la
« rue des Pescheries, contenant journée à deux hommes
« de bêche ou environ, joignant ladite rue des Pesche-
« ries d'une part, et d'autre part au courtil de messire
« Jean Lefoulon, aboutant d'un bout au courtil de Jean
« Voisin et d'autre bout au courtil Gervais Morin ».

« 4. Le domaine et appartenance de la Courbe, sis en
« la paroisse Notre-Dame (sic), ainsi qu'il se poursuit,

« tant en maison, vergers, courtils, étrages, pâtis et « issues, contenant trois journaux de terre ou environ ».

Ces pièces de terre, indiquées comme étant de Notre-Dame, s'appliquent peut-être au jardin actuel de l'Hôpital de Mayenne, sis à la Grange, entre le chemin de Saint-Léonard et la rivière, en face la Courbe.

« 5. Quarante journées de terre et six hommées de pré « ou environ, en plusieurs pièces joignant les unes les « autres, excepté six journées ou environ qui joignent « aux terres de Michel Chevalier ».

Ces pièces composaient la propriété de la Courbe, paroisse de Saint-Martin, qui faisait partie du fief dit des Châtelliers.

« 6. Le domaine et appartenance de la Ferronnière, « en la paroisse Saint-Martin de Mayenne, contenant « tant maisons, terres, courtils, prés, bois, haies, 15 « journaux de terre ou environ, en plusieurs pièces, avec « quatre hommées de pré joignant lesdites choses et « ensuivant l'une l'autre.

« 7. Le droit de prendre et avoir par sa main ou par « ses commis, les profits et revenus de la foire, sise en la « ville de Mayenne, le jour de la Saint-Clément, tant « coutume de prise et forfaiture, que autres profits qui « pourraient venir et issir de ladite foire ».

§ 2.

Le déclarant accusait ensuite les cens et devoirs féodaux dont suit le détail :

Au Terme « de la Saint-Jean-Baptiste »

« Macé d'Augeard et ses fraracheurs, à cause de « la métairie de la Huardière, paroisse de Moulay, « 20 sols, 6 poulets ».

Cette métairie appartint à Michel d'Augeard puis à Michel et Marc Le Moulnier.

Au Terme « de la Madeleine » (22 juillet.)

« Jean Bellailler, Jean Gandon, Gervais Vauvert et « autres leurs fraracheurs, à cause du fief Maupertuis, « situé paroisse d'Aron, 22 sols. »

Au Terme « de Notre-Dame de la Mi-Août »

« Michel Jambaine, à cause de ce qu'il tient au lieu « de la Bretonnière, paroisse de Moulay, 7 sols tournois « de devoir.

« Jean Lemée, dit Maupertuis, à cause de sa femme, « et autres ses fraracheurs, pour ce qu'ils tiennent audit « lieu de la Bretonnière, 7 sols tournois de devoir.

« Les héritiers feu Guillaume Chauvin, à cause de « certaine terre, sise en la Hallongère, paroisse de Mou- « lay, 2 sols 6 deniers de devoir. »

Il s'agissait du Clos de la Besnerie, à la Haye-Bourget, au fief dit de la Hallongère, qui fut plus tard possédé par François Lefaucheux et Ambroise Rigault, sieur de la Guittonnière, avocat.

« Les héritiers de feu Cosnard, à cause de sa maison « et courtil, sis devant ladite aumônerie, où est à présent « édifiée partie de la Grand'Maison de Mayenne, laquelle « joint la maison à feu Jean des Barres, 20 sols tournois.

« Les mêmes, à cause de la maison, sise devant « l'aumônerie, et courtil, qui fut à feu Jean Galobie et « après à Gilles du Parc, laquelle maison fut autre- « fois démolie et depuis y a été édifiée partie de la « Grand'Maison, et partie d'icelle joignant aux choses « dudit feu Cosnard, à une place de maison qui fut feu « Crotoux, de Domfront, 15 sols tournois. »

« Les mêmes, à cause d'une place de maison qui « joint les choses de feu Galobie et la maison Jean Farey, « 10 sols. »

On construisit dans cet emplacement une maison et un pavillon qui devinrent la propriété d'Ambroise Lepineau, sieur de la Rogardière, maitre-apothicaire.

« Les mêmes, à cause d'un emplacement de maison « et courtil, paroisse Saint-Martin, derrière le courtil « Guillot Bellier, 20 sols ».

Jacques Etigneux y fit construire une maison qui existait en 1690.

« Les mêmes, à cause d'une place de maison qui « fut feue Renote Lamarre, pelletière, sise paroisse « Notre-Dame, sous la chaussée du Petit-Baudais, joi- « gnant la maison au teinturier, 3 sols ».

« Les mêmes, à cause d'un courtil et verger, sis près « la fontaine de Pelouse, paroisse Saint-Martin, joignant « à la maison feu Moquart d'une part et d'autre part au « courtil Jean Cordellé, 18 deniers ».

« Colas Renouard, à cause de sa maison et courtil, « sis en la ville de Mayenne, laquelle fut Perrin Bau- « dais, joignant d'une part la maison Robin Ledru qui « fut Tronchay d'une part, et d'autre part aux choses « feu Jean de Brives ».

Cette maison appartint aux Viel, de Torbéchet.

« Robert Cordellé, à cause de son moulin et métai- « rie de Grinhard, paroisse de Saint-Martin de Mayenne, « 18 sols tournois ».

« Le moulin, rifour, pescherie, métairie et domaine de « Grinhard » avaient appartenu à Jean Bourdon et devinrent la propriété de Thomas Tronchay et d'Etienne Leboindre.

« Les héritiers Jean Bresteau et Gilles Tronchay, à « cause de la métairie du Haut-Mont, paroisse de Mou- « lay, 10 sols ».

Jean Richomme posséda cette métairie.

« Guillaume de Pennard, héritier de Jean des Bar-
« res, à cause de sa femme, pour un courtil, sis derrière
« son hôtel, 2 sols tournois.

« Simon Barbier et ses fraracheurs, à cause de cer-
« tains héritages sis au fief des Châteliers, en Saint-
« Martin, 2 sols tournois.

« Jean Lefebvre, pour la moitié d'une place de mai-
« son, sise sous la chaussée du Petit-Baudais, 2 sols.

« Jean N... héritier de la femme feu Jean Picard,
« teinturier, pour une place de maison sise sous la
« chaussée du Petit-Baudais, 18 deniers.

« Lui, pour une autre place sise sous l'étang du
« Petit-Baudais, 18 deniers.

« Guillaume de Pennard, pour sa métairie des Vaux-
« ponts, paroisse d'Oisseau (près la métairie de Gra-
« zon), laquelle métairie est à présent appelée des Bar-
« res, 18 sols ».

Les Vauxponts, aujourd'hui commune de la Haie-Traversaine, étaient dans le fief dit des Barres. Ils avaient été possédés par Jean des Barres et François des Barres, prêtre.

« Michel Pottier, Jean Gandon, Macé Moreau et au-
« tres héritiers de Alain Moreau, à cause d'une mai-
« son et place, sises rue de Baudas, 5 sols.

« Geffroy Chopelin, Henri Merie, à cause de la mé-
« tairie et choses de Robert Béon, paroisse Saint-Martin,
« 4 sols ».

Cette métairie qui avait appartenu à Robert Béon ou Bion était située au fief de la Madeleine, en face du cimetière de ce nom.

« Les héritiers feu Jean Cosnard à cause de... 3
« sols, 3 deniers.

« Jean Mérault, pour une maison et courtil qui fut
« Jean Barbin et depuis Jacques Pertuis dit Lacour, les

« enfants Etienne Aubry, Michel Epinay et la veuve « Guillaume Leroyer, sis paroisse Saint-Martin, devers « Michelle la Pichotte par un courtil, porte Montaise, « joignant icelle, d'une part, 6 deniers (1) ».

La maison et le courtil de Mérault avaient pour abornements en 1690, d'un bout le grand chemin tendant de Mayenne à Aron, et d'un côté un emplacement où il y avait anciennement un four à ban.

« Le curé de Saint-Martin, pour un jardin assis « outre l'hôtel Geffroy Baillard, en allant à l'église Saint- « Martin, 18 deniers. »

Il avait appartenu à Jean Bodin et donnait sur la rue du Perrin. Le curé en fit un verger.

« La femme de feu Juliot Aubry et ses fraracheurs, « pour la Guilberdière, paroisse de la Bazoge-Montpin- « çon, 2 sols, 6 deniers. »

La Guilberdière devint la propriété de Robert Aubry et de ses enfants.

« Gilles Tronchay, à cause de... 12 deniers.

« Michel Chartier et ses fraracheurs, pour le fief de « la Louveraie, paroisse de Châtillon, 28 sols ».

Ce fief était appelé de la Louveraie ou des Ruettes. Jean Bobet en fut le détenteur en 1769.

(1) Nous trouvons dans d'autres pièces que « le courtil qui fut Michelle la « Pichotte (Pichot) ou sa fille la Chelotte (Chalot) et un verger étaient situés « près la porte Montaise, de Saint-Martin, joignant à icelle d'une part et près « la fontaine de Pelouse, d'autre part. » En 1488, on disait que ces terrains, qui avaient appartenu à la Pichotte puis à sa fille la Chelotte, étaient « près « la maison et hôtellerie de la Fontaine ». L'auteur d'un mémoire du XVIIIe siècle plaçait la fontaine de Pelouse dans le quartier de la Madeleine et nommait la porte Montaise « Mançaise ». Dans un compte de 1563, nous avons vu cette porte appelée « Nanthaise ». L'hôtellerie de la Fontaine était située, au commencement du XVIIIe siècle, grande rue Saint-Martin, et avait pour propriétaire Marguerite Juhier, fille de Pierre Juhier, avocat, et de Marguerite Pays. L'auberge du Cœur-Royal, qui était aussi au faubourg Saint-Martin, lui appartenait également. Elle vendit l'hôtellerie de la Fontaine à Claude Le Besneux, en 1714.

« Les détenteurs du lieu de la Teisserie, 2 oies. »

Ce fief était situé paroisse de la Bazoge-Montpinçon.

« Les héritiers de Michel Hellier, à cause de ...
« 8 sols.

« Michel Chalope ou Chalopin, pour la métairie de
« Chérancé, paroisse d'Aron, 16 sols. »

Cette métairie eut depuis pour fraracheurs, Jean Brault, Gervais Ramond et Michel Bellanger.

« Le sieur de Landreposte (Landepoutre, en Ju-
« blains), 6 sols sur la métairie de Landreposte.

« Guillaume Cibois, à cause de sa femme, pour rai-
« son de certaines choses sises à la Ferronnière, pa-
« roisse Saint-Martin de Mayenne, 12 deniers.

« Les héritiers de feu Michel Cotteblanche, pour un
« courtil qui joint les murs du courtil des Barres, 2 sols ».

Le courtil de Cotteblanche avait pour détenteurs, en 1769, Jean Goyet, marchand, Marie Cottereau et autres.

« Le seigneur de Bourgnouvel, 7 sols de cens et
« 40# de rente.

« Le détenteur du Moulin-Neuf, de Villaines, 25 sols à
« la Mi-Août et 5 sols à Noël. »

Le Moulin-Neuf, de Villaines, une maison, cour au-devant, étrages, jardin et deux petits prés avaient été baillés par Guillaume Bourdon prêtre, maitre-administrateur de l'Hôtel-Dieu, à Geffroy Richard, moyennant 50 sols de devoir féodal, par contrat du 24 janvier 1426. Jean Prioullet, qui fut l'un des successeurs de Bourdon, maria sa nièce au fils de ce Richard et diminua ce devoir d'une somme de 20 sous, qu'il reporta sur le lieu de Chapin en Saint-Baudelle ; en sorte que le possesseur du moulin ne payait plus que 30 sols.

Le lieu de Chapin était sans doute la propriété personnelle de Bourdon et ce fut probablement lui qui le donna à l'Hôtel-Dieu.

Au Terme de Noël

« Jean Lemée dit Maupertuis, pour ladite métairie de « la Bretonnière, 7 sols.

« Les choses dudit Galobie, 15 sols.

« Jean Husson, Perrot Bellier, pour un courtil sis der- « rière l'hôtel Husson, 6 sols.

« Gilles Tronchay, pour un courtil sis derrière l'hôtel « Guillot Bellier, 5 sols. »

Ce courtil avait appartenu à Julien Gérault et fut possédé par Julien Gonnet et Marc Le Moulnier.

« Le sieur d'Aron, pour une place de maison et courtil « près l'hôtel Geffroy Chopelin, 15 sols 3 deniers.

« Ledit Robert Cordellé, pour son moulin et métairie de Grinhard, 18 sols.

« Ledit Macé d'Augeard, pour la métairie de la Huar- « dière, 20 sols.

« Ledit Gilles Tronchay et les héritiers Jean Bresteau « pour la métairie du Haut-Mont, 10 sols.

« Guillaume de Pennard, pour la métairie des Vaux- « ponts, 18 sols.

« Henri d'Aron, 14 deniers.

« Ledit Lefizelier et ses fraracheurs, à cause du fief de « la Louveraie, 14 sols.

« Macé Madré, à cause de la métairie de la Mérière, « sise près la Féronnière, paroisse Saint-Martin, 18 sols ».

Le document qui vient d'être résumé, se termine par cette mention de délivrance : « La copie ci-dessus trans- « crite a été faite, extraite et collationnée d'un livre « de remenbrance de la seigneurie de céans, couvert en « cuir vert, auquel y a plusieurs aveux et déclarations « rendus à ladite seigneurie : ce requérant, Me Macé de « l'Eslang, aumônier titulaire, et le procureur général « de monseigneur le duc de Mayenne, par devant nous

« Jacques Labitte, docteur ès-droits, juge général au « duché dudit Mayenne, le 17e jour de novembre 1578. « (Signé) Pennard ».

Si on compare cette copie à un fragment d'aveu du 11 août 1690, publié par Mr E. Montagu dans le journal le *Courrier de Mayenne*, les dimanches 5 et 19 décembre 1886, on y remarque des différences notables, qui ne proviennent peut-être que de morcellements de fiefs, constructions nouvelles et changements de noms.

Le relevé ci-après, dressé tant sur l'aveu de 1690 que sur diverses pièces postérieures à cette date, est destiné à compléter les renseignements qui précèdent et à faire connaitre les nouveaux biens « baillés et fieffés », dont l'Hôtel-Dieu avait pu s'enrichir.

1° « Certains immeubles de la Chapelle-aux-Fau- « cheux, dite aussi de l'Isle, des Cailloux et de Boyère, « 4 deniers de cens et devoir indivisibles, et 6T au « changement de chaque titulaire ». Ces biens se composaient, en 1690, d'une maison et d'un jardin qui avaient appartenu à Michel Gasté, Jean Morin, Julien Hubert, son gendre, puis à Françoise Lefaucheux, veuve de Jean Gaudin, sieur de Berron, qui fonda la Chapelle(1).

2° « Le fief d'une maison, près la porte Sainte-Anne », paroisse Notre-Dame, 2 sols de devoir à l'Angevine. Détenteurs en 1769: Marie-Françoise Chalopin, veuve de Jacob Esnault, François Esnault, apothicaire, et autres.

3° « Le fief de la maison Viel », paroisse Notre-Dame, 3 sols de devoir à l'Angevine (2).

(1) L'aveu de 1690 indique à tort un François Lefaucheux comme fondateur de la chapelle de l'Isle. (Voir testament devant Jacques Hamon, notaire royal du Mans et de Bourgnouvel, du 19 mai 1622. Ce François Lefaucheux avait fondé en 1573, une autre chapelle qu'on appelait avec plus de raison « Chapelle aux Faucheux ». (Voir contrat devant Julien Lemoulnier, notaire royal, du 28 mars 1573).

(2) Voyez *Souvenirs du Vieux-Mayenne*, page 111 et suivantes.

4° « Le fief de la cour du Dauphin », paroisse de Saint-Martin, 10 sols à l'Angevine. Détenteur en 1769, René Carré.

Cette cour et plusieurs bâtiments se trouvaient sur l'emplacement d'un ancien jardin, dit le jardin Galesne, qui faisait partie de l'hôtel où pendait l'enseigne du Dauphin, en 1690.

5° « Le fief dit des Derrières du Dauphin », 20 sols à l'Angevine. Détenteurs en 1769 : veuve Fourneau, René Bignon, François Gautun.

Ce fief se trouvait rue de l'Ecu (aujourd'hui rue Cazet).

6° « Le fief du Jardin derrière le Porche-Postel », 5 sols de devoir à l'Angevine.

7° « Le fief du jardin de la Perrière », situé paroisse de Saint-Martin, 5 sols 6 deniers de devoir à l'Angevine.

Ce fief se composait d'un jardin et d'un verger appartenant à Simon Frinais, en 1690 ; il joignait le champ du prieuré de Saint-Martin. Détenteur en 1769, Raimbault, apothicaire à Lassay.

Les possesseurs de landes situées paroisses de Saint-Martin, d'Aron, de Marcillé et de Moulay, devaient à l'Hôpital plusieurs devoirs féodaux, en argent. Certaines landes n'étaient pas encore défrichées au milieu du XVIIIe siècle ; telles étaient celles de la Frilouzière, du Breil, de la Chesnaie et du Vannier. Une partie de ces terres avait été baillée par Jean Martinais, l'un des aumôniers de l'Hôtel-Dieu et ses successeurs ; quelques-unes, restées sans preneur, dépendaient encore du domaine de l'Hôtel-Dieu, lors de la Révolution(1).

(1) Il était dû par les détenteurs :

1° Des landes de Marcillé et d'Aron, nommées le champ Caillet, la frarache Guesnerie, la lande du Bas, la lande Richard, la lande aux Rats, la lande de la Chesnaie, la lande du Bas-Breil, la lande au Vannier du lieu de la Baudrairie, la lande de la Frilousière, 4 fr 16 sols.

L'Hôtel-Dieu payait à l'abbaye de Savigny, conjointement avec un autre détenteur, 8 sols pour le pré de l'étang du Fay, en Saint-Baudelle[1].

C[2]

Arrêté ordonnant a plusieurs cultivateurs de fournir du beurre a l'Hôpital.

Aujourd'hui, 21 fructidor, l'an II de la République française, une et indivisible (7 septembre 1794).

Le Corps municipal réuni,

Considérant que jusqu'à ce jour, ceux des propriétaires et fermiers qui ont des vaches, dont ils n'étaient pas dans l'habitude de vendre le lait, doivent, conformément à l'arrêté du District du 24 floréal dernier (13 mai 1794), fournir du beurre pour l'approvisionnement de la ville, sous les peines portées par le même arrêté, en cas de désobéissance;

Considérant, en outre, que la maison d'hospice, dite ci-devant l'Hôtel-Dieu, et la Maison d'arrêt ont des droits à la distribution du beurre et que le contingent qui doit être fourni par la commune de Mayenne n'est

2° De deux journées de terres labourables, nommées la Planche-Hue, sur le chemin de Mayenne à Coulonges, 2 sols 3 deniers.

3° De la lande aux Vanniers, sur le chemin tendant du Poirier-Voisin (sic) à Coulonges, 19 sols 6 deniers.

4° De sept journées dans la lande ancienne de la Monnerie, sur le chemin de Mayenne au Breil, 10 sols.

5° De quatorze journées de lande, sur le chemin du Poirier-Voisin au ruisseau d'Olon...

6° De douze journées de lande, sur le chemin du Poirier-Voisin au Gué de Coulonges...

(1) Aveu rendu le 28 mai 1718 à François Odet Daydie, ancien aumônier du roi, doyen et grand-vicaire de l'archevêché de Tours, abbé commandataire de l'abbaye royale de Savigny, et aux prieur et religieux de cette abbaye.

(2) Voir page 86.

que suffisant pour l'usage journalier de ces deux maisons ;

Arrête, l'agent national entendu :

Que les citoyens dont les noms suivent seront tenus, sous la surveillance du citoyen Etienne Gasseau, économe de la maison dite l'Hôtel-Dieu, de fournir à la dite maison tous les vendredis (vieux style), la quantité de beurre déterminée comme ci-après :

I. — *Section des Sans-Culottes*

René Gandais, à Poirsac, (à raison de six vaches), une livre et demie de beurre.

Chevallier, à Poirsac, (trois vaches), trois quarts.

Pierre Mesnage, à Bras, (cinq vaches), une livre un quart.

Guillaume Bansart, à la Touche, (trois vaches), trois quarts.

Michel Musanger, à la Touche, (quatre vaches), une livre.

Michel et Louis Leudière, à la Basse-Rouzière, (quatre vaches), une livre.

Gautier, à la Basse-Rouzière, (quatre vaches), une livre.

Guermont, à Montaigu, (trois vaches), trois quarts.

Thézé, à Montaigu, (trois vaches), trois quarts.

La veuve de Pierre Forêt née Cousin, à Montaigu, (quatre vaches), une livre.

Louis Rouzière, à Grazon, (trois vaches), trois quarts.

La veuve de Julien Fauveau née Delorière, à Grazon, (quatre vaches), une livre.

Jean Forêt, à Berron, (trois vaches), trois quarts.

François Gauffre, à Brives, (trois vaches), trois quarts.

Urbain Pottier, à la Chouanne, (six vaches), une livre et demie.

II. — *Section de la Montagne*

Chevron, à l'Huilerie, (quatre vaches), une livre.

Pottier, à la Motte, (trois vaches), trois quarts.

La veuve René Hubert, à la Mazure, (sept vaches), une livre trois quarts.

Michel Gautier, aux Helleries, (cinq vaches), une livre un quart.

René Le Saulnier, aux Helleries, (six vaches), une livre et demie.

La veuve Baillé, à la Chevalerie, (trois vaches), trois quarts.

Dubois, à la Chevalerie, (trois vaches), trois quarts.

Poignant, à Haute-Folie, (quatre vaches), une livre.

René Pouteau, à la Chevalerie, (trois vaches), trois quarts.

Mottier, aux Loges, (trois vaches), trois quarts.

Pouteau, à la Mérière, (trois vaches), trois quarts.

Brunet, à la Baudrairie, (trois vaches), trois quarts.

Marie-René Leudière, à la Melletière, (cinq vaches), une livre un quart.

Jean Biard, à la Blottière, (quatre vaches), une livre.

Pellier, à la Courbe, (trois vaches), trois quarts.

Fait et arrêté les dits jour et an que dessus. (Signé) Tanniot-Montroux, Quinton, Chevrinais, Viel-Desprès, Jacquier.

D[1]

Ventes et issues

On lit dans le « Dictionnaire historique de l'ancien langage français » par La Curne de Sainte-Palaye : « Le « roturier vendant un bien qu'il tenait en censive payait

(1) Voir page 102.

« le droit appelé *lods et ventes*, deux droits séparés à « l'origine, confondus au XIIIe siècle ». On supposait qu'en allant trouver le seigneur à qui il rendait la saisine, le vendeur lui payait un droit de vente, et que l'acheteur du fonds payait à son tour au même seigneur un droit de confirmation (*lods* du latin *laudare*).

Le droit de « lods et ventes », à raison du douzième denier du prix ou de vingt deniers tournois pour livre, était le droit ordinaire et général dans la Coutume du Maine et même le droit commun du royaume.

Quant aux ventes et issues qui se payaient, à raison de trois sous quatre deniers pour livre du prix, ce qui formait le double du droit ordinaire, l'article 174 de la Coutume portait qu'il n'était dû « sinon en aucunes con« trées et parties où il y avait ventes et issues. »

Le droit de ventes était légitime, ordinaire ; celui d'issues était l'exception et avait besoin d'être prouvé par une possession d'au moins 30 ans avant la réformation qui commença en 1477. Des arrêts de 1530 et 1532 avaient statué dans ce sens avec raison, ce semble. Il était à remarquer que devant la Commission de 1508, François de la Pommeraye et René Hennier, les procureurs du duc de Lorraine et du comte de Laval ne prétendirent à aucune possession des droits d'issues.

Néanmoins ces droits furent exigés par les seigneurs et on les leur paya généralement. Un acte de notoriété, signé de treize avocats en exercice près des sièges de Mayenne, attesta vers 1730 « que l'usage, dans toute « baronnie de Mayenne, était de payer (pour les « acquisitions), les ventes et issues à raison de 3 sous 4 « deniers pour livre ».

La Barre ducale ne partageait pas cet avis, ni les juges de Laval, néanmoins la Cour, par un arrêt célèbre du 29 avril 1737, rendu en faveur des religieux de l'Abbaye de Fontaine-Daniel, déclara qu'il suffisait aux seigneurs de justifier de leur possession immémoriale et de l'usance de leur seigneurie, sans être astreints à aucune preuve directe contre celui auquel ils demandaient les doubles ventes. Cet arrêt était diamétralement opposé à ceux de 1530 et de 1532.

Ainsi se trouva consacré par l'usage ce double droit que de la Vignole appelait « une usurpation de servitude, « nouvelle et ruineuse, une maltôte préjudiciable au « public, une calamité pour le pays. »

Il est à remarquer qu'après avoir obtenu l'acte de notoriété de treize des avocats de Mayenne, les religieux de Fontaine-Daniel avaient sollicité, sans pouvoir l'obtenir, l'approbation des magistrats de la Barre ducale. L'avocat de l'abbaye, comprenant combien ce refus nuisait à la cause de ses clients, écrivait dans son mémoire : « L'on oppose que cet acte de notoriété n'est « point signé des juges de la Barre ducale de Mayenne; « ce n'est pas que le fait attesté par les treize avocats ne « soit très véritable. L'intimé n'a pu obtenir des juges un « acte contraire; mais ces juges étaient indisposés contre « les religieux de Fontaine-Daniel; ils avaient croisé « des scellés apposés par le bailli de l'abbaye, ils avaient « même engagé M. le duc de Mazarin à prendre leur fait « et cause. Malgré l'intervention de M. le duc de Mazarin, l'arrêt ne leur a point été favorable ; ces officiers « souffrent avec peine l'exercice de la justice de l'abbaye « dans le Palais ducal de Mayenne, que l'appel des « sentences qui s'y rendent soit porté à Château-Gontier et qu'ils soient privés du droit de ressort. Ces « différents motifs ont déterminé les juges de la Barre « ducale de Mayenne, non pas à trahir la vérité mais à « la taire. Voilà les véritables raisons du silence des « juges de la Barre ducale de Mayenne, qui ne peut « faire soupçonner la vérité attestée par les treize avocats. »

E[1]

I. — Autorisation donnée d'installer un hôpital militaire au Grand-Logis

Du 5 Messidor, l'an troisième de la République (23 juin 1795).

Sur la demande faite à la Municipalité (de Mayenne) par le Directeur principal des hôpitaux de l'armée des Côtes de Cherbourg, par sa lettre du 4 courant, que le ci-devant Château-Mazarin, en cette commune, (c'est-à-dire le Grand-Logis), fût mis à la disposition du service des hôpitaux,

La Municipalité autorise, autant qu'il est en elle, le citoyen Directeur à se servir de tout le local du ci-devant Château-Mazarin, pour y établir un hôpital militaire, à la charge par lui de s'en arranger avec la citoyenne Valentinois[2], propriétaire, pour le loyer, les divers changements et les réparations qui seront à y faire, la Municipalité renonçant à se servir de cette maison pour l'établissement d'une caserne qu'elle y avait projeté.

II. — Etat des dommages causés a l'Hotel-Dieu de Mayenne par les militaires

Aujourd'hui, vingt-un floréal, l'an quatre de la République française, une et indivisible (10 mai 1796),

Nous, officier municipal de la commune de Mayenne et commissaire exécutif près l'administration, soussigné.

(1) Voir page 105.

(2) Félicité-Victoire d'Aumont, duchesse de Mazarin, épouse d'Aimé-Charles-Maurice de Grimaldi, prince-héréditaire de Monaco, duc du Valentinois.

En conséquence de la lettre que nous avons écrite, le quatorze du courant, au citoyen Coffin, commissaire des guerres de cette place, par laquelle nous l'avons prévenu :

Que le Conseil d'administration du premier bataillon de la 61e demi-brigade et le citoyen Dumesnil, officier de santé, ont exigé de la Directrice de l'hôpital civil de cette commune des draps, des chemises, des lits et d'autres effets pour le service des galeux de cette demi-brigade, qu'ils avaient placés dans cet hôpital ;

Que ces galeux viennent d'en sortir et qu'il n'a été rendu qu'une partie de ce qui leur avait été prêté ;

Que le peu qui a été rendu était presque hors d'état de servir ;

Qu'il y avait un grand nombre de lits où il ne restait que le bois et encore, puisque les traverses qui en formaient l'enfoncement y manquaient ;

Qu'il était juste que cet hôpital fût indemnisé de toutes ces pertes, que sans cela on ne pourrait plus y recevoir les indigents de cette commune, qui n'ont point d'autres ressources dans leurs maladies.

Nous sommes transporté, en présence dudit citoyen Coffin ce dit jour, sur les huit heures du matin, à l'hôpital civil de cette commune, à l'effet de vérifier les pertes des effets prêtés et de ceux gâtés et endommagés ; où, étant arrivé, la Directrice dudit hôpital nous a présenté trois reconnaissances.

1° La première, des membres du Conseil d'administration de ladite 61e demi-brigade, en date du 16 Messidor dernier (4 juillet 1795), par laquelle il est constaté que la Directrice a fourni la quantité de cinquante paires de draps et cent chemises, pour le traitement des galeux du premier bataillon de ladite demi-brigade.

2° La seconde, du citoyen Dumesnil, officier de santé de ladite 61e demi-brigade, qui constate que la Directrice a prêté vingt lits composés chacun avec une paillasse, une couette, deux traversins et une couverture ; que sur ces vingt lits il y en avait qui n'avaient qu'un traversin ; qu'un lit, au lieu de couette, avait un matelas.

A joindre, en plus, un bon signé du même Dumesnil, officier de santé, pour seize gobelets assez bien conditionnés, excepté un qui était un peu fendu par le haut, une grande marmite avec son couvercle, un trépied, une douzaine de cuillères, un mauvais soufflet, une cuillère à pot et un mauvais bassin de cuivre.

3° La troisième, signée du même citoyen Dumesnil, officier de santé, qui constate qu'à la première porte, il y a une vitre de manque et une de fêlée, à la première croisée, à droite, une vitre de manque et une de fêlée.

Après quoi, ayant procédé à la vérification des effets fournis suivant les reconnaissances ci-dessus représentées et de ceux gâtés ou endommagés, ainsi qu'à leur estimation, il s'est trouvé manquer :

1° Six couettes volées, lesquelles ont été estimées par la citoyenne Marie Barbe veuve Pierre Roche, estimatrice choisie par le citoyen Coffin, commissaire des guerres, à 50# chacune, ce qui compose trois cents livres, ci..............................	300#	»
2° Quatorze couettes gâtées, auxquelles, il faut à chacune une taie, estimées 15# chacune..............................	210#	»
3° Sur quarante-deux traversins, on ne peut en former que la moitié à qui il faut une taie neuve. Estimé trois sols sur la pièce. .	31#	10s
4° Pour cinquante barres de lits, soixante-quinze pieds de carreau à cinq sols le pied, cela fait..............................	18#	15s
A reporter.....	560#	5s

Report....	560	5
5° Trois tables de nuit..................	9	»
6° Un tiroir de crédence avec sa serrure.	6	»
7° Pour seize pots d'étain................	20	»
8° Pour sept cuillères perdues........ ...	2	»
9° Pour la valeur de trente-sept chemises.	74	»
10° Pour le dommage causé sur les cent draps..............................	200	»
11° Pour un pied de marmite et un soufflet.	5	12
12° Trente carreaux de vitre manquant estimés quinze sols chacun...............	22	10
13° La porte d'un cabinet cassée.........	9	»
14° La cloison d'un grenier arrachée et brûlée	6	»
15° Trois ferrures forcées ou cassées.....	6	»
16° Le dommage des couvertures........	30	»
17° Pour nettoyer ou dépoisonner la plume de quatorze couettes...............	42	»
18° Pour une table cassée et un coffre....	12	»
Le total des estimations ci-dessus revient à la somme de......................... ..	1.004	07

De tout quoi, nous avons fait et rédigé le présent procès-verbal, en présence du citoyen Coffin, commissaire des guerres de cette place, de la citoyenne veuve Desmarres, directrice dudit hôpital, et du citoyen Etienne Gasseau, économe, qui tous ont signé avec nous à l'exception de la citoyenne veuve Roche, estimatrice, qui a déclaré ne savoir signer.

Signé : Desbarbés, Chevallier, Jacquier, Gasseau.

F (1)

Noms de quelques-uns des bienfaiteurs de l'hôpital de Mayenne pendant le XIXe siècle

1822. — N... Bichain, veuve Lemoy.
1837. — Pierre Le Nicolais.
1841. — Marie Moulière, veuve Forin.
1843. — François-Guillaume Bidault.
1848. — Marie-Jean Tanquerel, de Vaucé.
1851. — Jean-Baptiste Morice de la Rue.
1853. — Jean-Charles Bougrain, de Bure.
1857. — François - Julienne Le Faucheux, veuve Piquel.
1857. — Eugène Leray.
1859. — François-Joseph Tripier de Brives.
1859. — Emile et Rosalie Ponthault.
1860. — Rose Baglion de la Dufferie.
1863. — Marie Mahé.
1863. — François Jacques-Benoît Leloup, prêtre.
1866. — Marie Ripault, veuve de Jacques-François Bissy.
1866. — Emmanuel Hardy, prêtre.
1868. — Alexandrine-Joséphine Roche, veuve de Jean-Baptiste Lecureul.
1869. — Anne Moisson.
1872. — Marie-Mathurin Loppès.
1872. — Angélique Peigné.
1872. — Théophile-François Guimond des Riveries et Augustine-Marie Lebrun, sa femme.
1873. — Mélanie Lefèvre.
1876. — Théophile Raimbault.
1887. — Noémie Roullois.
1889. — Clémentine-Céleste Jaillard, veuve d'Hippolyte Durand.

(1) Voir page 109.

G[1]

Émigrés

(Noms de quelques-unes des personnes de Mayenne et des environs portées sur la liste des)

Broize de Raizeux (Claude-Jean-René de la), époux de Renée-Marie du Bignon.

Chapedelaine (Jean-René de), ancien officier du régiment de Barrois, fils de Jean de Chapedelaine et de Renée-Marie de Bazogers.

Chapedelaine (de), frère germain du précédent.

Dubois de la Basmaignée (Nicolas-Jean), ancien greffier en chef au bureau des finances d'Alençon, fils d'Urbain Dubois de la Basmaignée et de Jeanne Carré.

Deschamps du Méry (François-Charles), écuyer, mari d'Anne-Marie Couasnon de la Martinière, fils aîné de René-Jean Deschamps du Méry et de Charlotte Bridier de la Rivière.

Deschamps du Méry (David-René-François), chevalier, président trésorier de France au bureau des finances de la Généralité d'Alençon, mari de Marie-Jeanne Sougé de la Mitrie, frère du précédent.

Gasté de la Pallu (Maurice-Simon de), ancien officier au régiment de dragons-Orléans, époux de Marie-Catherine Avice, fils de Simon-René de Gasté et d'Anne de la Rye.

Gasté de la Cour de Commer (Joseph-René de), écuyer, mari de Marie-Thérèse Visdelou de Bédée, frère germain du précédent.

Guibert (Louis-Alexandre-François de), ancien capitaine au régiment de Piémont (émigré ou porté émigré),

(1) Voir page 112.

fils de Louis-Alexandre de Guibert et de Marie Richer, mari de Madeleine Pattier de Maupoirier.

Héliand (Pierre-Jean-Baptiste d'), chevalier, mari d'Agathe-Françoise-Adelaïde Gallery de la Tremblaye, fils d'Augustin-Pierre-Philippe d'Héliand et d'Elisabeth-Victoire-Eléonore de Montécler.

Hercé de la Haie (Jean-Armand de), chevalier, capitaine au régiment de Noailles-dragons, mari de Marie-Anne de Grüel, fils de Jean-René de Hercé et de Françoise-Urbaine-Marie-Billard de Lorière.

Hercé du Plessis (Jean-François de), chevalier, mari de Jeanne Dubois de la Basmaignée, fils de Jean de Hercé du Grand-Coudray et de Françoise Tanquerel.

Lefebvre des Provostières (Marie-Jacques-François), époux de Catherine-Charlotte-Renée de Mésanges, fils de Gilles-Julien-François Lefebvre des Provostières et de Louise-Elisabeth de Hercé.

Le Frère de Maisons (Jacques-François-Charles), fils de Jacques-François Le Frère de Maisons, écuyer, et de Françoise-Jacqueline Tréton de Vaujuas.

Le Mercerel de Chasteloger (Joseph-Hyacinthe), mari de Louise-Jude-Marie-Baptiste-Reine Bécasson de La Lardaie, fils de Joseph Le Mercerel de Chasteloger et de Marie-Anne Tréton de Vaujuas.

Le Mesnager de la Dufferie (Charles-Hyacinthe-René), fils de Marie-René Le Mesnager de la Dufferie et de Hyacinthe-Françoise-Marie Le Mercerel de Chasteloger.

Moulé de la Raitrie (Louis), ancien officier de cavalerie, lieutenant de la maréchaussée, époux de Marie-Marguerite de Juigny, fils de Louis Moulé de la Raitrie et de Renée-Françoise Thoumin.

Pouyvet de la Blinière (Charles-Henri-Marie), ancien officier de cavalerie, fils de René Pouyvet de la Blinière et de Madeleine de Moré.

Tanquerel de Bellée (Marie-Jean), écuyer, ancien garde du corps (compagnie écossaise), fils de Jean-René Tanquerel, écuyer, subdélégué de l'Intendance de Touraine et de Louise-Marie-Julienne Tripier de la Grange.

Tanquerel de la Panissais (François-Robert), fils aîné de François-Robert Tanquerel et de Marie-Anne Durand de la Grette.

Tréton de Vaujuas (Jacques-François-René), fils de François Tréton de Vaujuas et de Marguerite-Elisabeth Le Frère de Maisons.

Tréton de Vaujuas (François-René-Charles), frère germain du précédent.

Tripier de Lozé (Gabriel-François-Robert), écuyer, ancien garde du corps, (compagnie écossaise), fils de Gabriel-Pierre-Armand Tripier de Lozé, ancien auditeur en la chambre des Comptes de Bretagne, et de Catherine-Marguerite Gilly.

Tripier de Lozé (Pierre-Armand), frère germain du précédent.

TABLE ALPHABÉTIQUE

DES

NOMS PROPRES CONTENUS DANS L'OUVRAGE

A

B

D

E

F

G

H

I

J

L

M

Q

R

S

T

U

V

W

Y

TABLE ANALYTIQUE

APPENDICE

www.ingramcontent.com/pod-product-compliance
Ingram Content Group UK Ltd.
Pitfield, Milton Keynes, MK11 3LW, UK
UKHW022056190726
13855UKWH00002B/518